Topos plus **Taschenbücher**
Band 527

Topos plus positionen

Herausgegeben von Wolfgang Beinert

Saskia Wendel

Christliche Mystik
Eine Einführung

Topos^{plus} Taschenbücher

Topos plus **Verlagsgemeinschaft**

Butzon & Bercker, Kevelaer | Don Bosco, München
Echter, Würzburg | Verlag Katholisches Bibelwerk, Stuttgart
Lahn-Verlag, Limburg Kevelaer | Matthias-Grünewald-Verlag, Mainz
Paulusverlag, Freiburg Schweiz | Friedrich Pustet, Regensburg
Tyrolia, Innsbruck Wien

Bibliografische Information der Deutschen Bibliothek

Die Deutsche Bibliothek verzeichnet diese Publikation in der Deutschen
Nationalbibliografie; detaillierte bibliografische Daten sind im Internet
über http://dnb.ddb.de abrufbar.

2004 Verlagsgemeinschaft Topos plus, Kevelaer
Das © und die inhaltliche Verantwortung liegen beim
Verlag Friedrich Pustet, Regensburg
Originalausgabe
Kein Teil des Werkes darf in irgendeiner Form
(durch Fotografie, Mikrofilm oder ein anderes Verfahren)
ohne schriftliche Genehmigung des Verlages
reproduziert, vervielfältigt oder verbreitet werden.

Einband- und Reihengestaltung:
Akut Werbung GmbH, Dortmund
Herstellung: Pustet, Regensburg
Printed in Germany

Topos plus – Bestellnummer: 3-7867-8527-9

Inhalt

Einleitung 7

1. **Was ist Mystik?** 9
   Philosophische und theologische Zugänge zur
      Mystik 9
   Eine kurze Definition von Mystik 14
   Mystische Vielfalt 22
   Christliche Mystik: affektiv und spekulativ 25

2. **Kernmotive christlicher Mystik** 27
   Das Zentrum christlicher Mystik: Die Einung mit
      Gott 27
   Mystische Gottesbilder 86
   Die Einheit von vita activa und vita contemplativa . 102

Anmerkungen 109
Stichwort: Christliche Mystik 117
Kurzer Abriss der Geschichte christlicher Mystik .. 120
Biographische Angaben zu den zitierten
Mystikerinnen und Mystikern 124
Kleines Wörterbuch 127
Weiterführende Werke 129
Register 131

Einleitung

„Der Fromme, der Christ der Zukunft wird ein Mystiker sein, einer, der etwas erfahren hat, oder er wird nicht mehr sein." Karl Rahner gab in diesem berühmten Satz aus seinem Essay „Frömmigkeit früher und heute" seiner Überzeugung Ausdruck, dass das Christentum in der Moderne nur dann noch Bestand wird haben können, wenn Christinnen und Christen sich auf den Weg der Mystik begeben.[1] Ohne Zweifel suchen nicht wenige heute Rahners Rat zu folgen; Mystik „boomt", sie hat derzeit eine hohe Attraktivität für Menschen, die sich religiös orientieren möchten. Doch verwischen des Öfteren die Unterschiede zwischen Mystik und Esoterik einerseits sowie zwischen christlicher und nichtchristlicher Mystik andererseits, weil der Begriff „Mystik" sowie die Grundmotive christlicher Mystik häufig undeutlich bleiben.

Diese Einführung in die christliche Mystik leitet denn auch weniger ein historisches denn ein systematisches Interesse; sie will zum einen zur Klärung des Begriffs „Mystik" beitragen und zum anderen Kernmotive christlicher Mystik vorstellen: die Einung mit Gott im Grund des Ich, die Verknüpfung von personalen und apersonalen Gottesbildern, die Einheit von kontemplativem Leben und (politischer) Praxis. Dies geschieht anhand ausgewählter Zeugnisse christlicher Mystikerinnen und Mystiker des Mittelalters:[2] Beatrijs van Nazareth, Gertrud von Helfta, Hadewijch von Antwerpen, Mechthild von Hackeborn, Mechthild von Magdeburg, Meister Eckhart,[3] Margeruite Porête, Teresa von Avila, Heinrich Seuse, Johannes Tauler.[4] Dem systematischen Ziel dieser Einführung entsprechend erfolgt dies nicht durch chronologische Einzeldarstellungen der genannten Mystikerinnen und Mystiker und deren Werke, sondern durch die Auseinandersetzung mit zentralen Gedanken mystischer Theologie.[5] Vielleicht kann so deutlich werden, dass die Gedanken christlicher Mystik weder auf Einbildungen überspannter Gemüter reduziert werden, noch in naturalistischer Perspektive als bloßes Resultat neurobiologischer Vorgänge erklärt werden können,[6] und dass Mystik auch nicht allein für die christliche Spiritualität bedeutsam ist, sondern dass es sich um eine wichtige Tradition christlich-theologischen Denkens handelt, die systematisch-spekulativ relevant ist – auch und gerade in einer Zeit, die vielfach als „spätmodern" bezeichnet wird. Denn mystische Theologie besitzt ein Verständnis von Glaube und Gotteserkenntnis, das auch Menschen etwas zu sagen vermag, die „Kinder" der späten Moderne sind. Dem modernen Mystiker und Politiker Dag Hammarskjöld ist es gelungen, dies in seinem mystischen Tagebuch „Zeichen am Weg" in eindrücklicher Art und Weise zum Ausdruck zu bringen:

„‚Glaube ist Gottes Vereinigung mit der Seele.' – Glaube ist – kann daher nicht erfasst werden, noch viel weniger identifiziert werden mit Formeln, in denen wir das umschreiben, was ist ... In dem Glauben, der ‚Gottes Vereinigung mit der Seele' ist, bist du *eins* mit Gott und Gott ganz in dir, gleichwie er ganz für dich ist in allem, was dir begegnet. In diesem Glauben steigst du im Gebet hinab in dich selbst, um den Anderen zu treffen, im Gehorsam und Licht der Vereinigung stehen für dich alle, gleich dir, einsam vor Gott; ist unser Tun ein fortwährender Schöpfungsakt – bewusst, weil du eine menschliche Verantwortung hast, und gleichwohl gesteuert von der Kraft jenseits des Bewusstseins, die den Menschen schuf; bist du frei von den Dingen, aber begegnest ihnen in einem Erlebnis, das die befreiende Reinheit und die entschleiernde Schärfe der Offenbarung besitzt. In dem Glauben, der ‚Gottes Vereinigung mit der Seele' ist, hat darum *alles* einen Sinn."[7]

Tilburg, im Juli 2003

Saskia Wendel

1. Was ist Mystik?

Mystik definieren zu wollen gleicht einer Sisyphus-Arbeit angesichts der Vielfalt verschiedener Definitionsversuche.[8] Doch aus dieser Vielfalt lassen sich grundlegende philosophische und theologische Bestimmungen der Mystik herausfiltern, die im Folgenden kurz skizziert werden sollen.

Philosophische und theologische Zugänge zur Mystik

Philosophische Definitionsversuche der Mystik grenzen diese nicht von Philosophie ab, sondern verstehen Mystik als eine besondere Form der Philosophie.[9] Dabei gilt Mystik mehrheitlich – unbeschadet der Pluralität verschiedener Mystiken – als ein universales Phänomen, wobei allerdings verschiedene Akzente gesetzt werden. Eine erste Richtung von Definitionsversuchen geht von der Gleichheit aller mystischen Erfahrungen aus, eine zweite Richtung betont ebenfalls die Gleichheit aller mystischen Erfahrungen, dies aber in der kulturellen Bedingtheit der Berichte über diese Erfahrungen. Eine dritte Richtung ist davon überzeugt, dass alle mystischen Erfahrungen in verschiedene Typen dieser Erfahrungen einzuteilen sind, und zwar durch die jeweiligen kulturellen Bedingtheiten hindurch; nicht die Erfahrung selbst gilt hier als kulturell bedingt, sondern die Sprache, die zur Beschreibung der jeweiligen Erfahrung notwendig ist. So kann zwischen der mystischen Erfahrung selbst und der Interpretation dieser Erfahrung unterschieden werden.[10] Diesen Ansätzen, die Mystik als universale Erfahrung verstehen, können folgende Charakteristika zugeschrieben werden:

Erstens: Mystik wird als Einung (*unio*) von Ich und Absolutem verstanden, und zwar bei gleichzeitigem Verlust des

Selbst bzw. des individuellen Ich, so z. B. bei Friedrich Heiler: „Mystik ist jene Form des Gottesumganges, bei der die Welt und das Ich radikal verneint werden, bei der die menschliche Persönlichkeit sich auflöst, untergeht, versinkt in dem unendlichen Einen der Gottheit."[11] Das bedeutet: In der *unio* verschwindet das Selbst, löst sich auf, und mit ihm die Differenz zwischen Ich, Welt und Absolutem, Einzelnem und Allgemeinem, Transzendenz und Immanenz, Schöpfer/in und Geschöpf zugunsten der Auflösung des Individuellen im All-Einen – eine Vorstellung, die man als ontologischen Monismus bezeichnen kann. Diese *unio* kann sich in Form einer Introspektion vollziehen, also als Weg nach innen, daher wohl auch der Name „Mystik" von griechisch *myein* (die Augen schließen),[12] oder in Form einer Einung mit dem, was dem Selbst außerhalb seiner selbst begegnet, etwa der äußeren Natur, also als Weg nach außen. Die *unio* wird oft in Form eines Aufstiegs oder in Form eines Abstiegs vorgestellt.[13]

Zweitens: Mystik wird häufig als nicht-rationale Erfahrung eines absoluten Weltgrundes gekennzeichnet, also eine der Vernunft entgegen gesetzte Erfahrung. Dennoch – und das ist bemerkenswert – wird diese nicht-rationale Erfahrung der Philosophie zugeordnet. In dieser Bestimmung der Mystik wird Intuition und Unmittelbarkeit der Erkenntnis mit Nicht-Rationalität identifiziert, so etwa der Philosoph Karl Albert: „Unter ‚philosophischer Mystik' verstehen wir … ganz allgemein eine Denkrichtung, die, über das rationale wie auch über das dialektische Denken hinausgehend oder vielmehr hinter beides zurückgehend, sich auf die allen anderen Einzelerfahrungen zugrunde liegende Erfahrung der Einheit von Ich und Weltgrund bezieht. Dieses Denken findet sich in allen Phasen der abendländischen Philosophie, jedoch ebenso im philosophischen Denken Indiens und Chinas."[14]

Drittens: Mystik gilt nicht nur als nicht-rationale und unmittelbare Erfahrung, sondern – z. B. in Form einer schriftlich fixierten mystischen Theologie – als Versuch einer Beschreibung und dann auch einer Reflexion der mystischen Erfahrung, so dass man zwischen der Erfahrung selbst, deren Reflexion sowie deren Interpretation unterscheiden muss, auch wenn eine völlige Trennung von Erfahrung und Interpretation unmöglich ist. Im Versuch der Reflexion der Erfahrung der *unio* zwischen Ich und Weltgrund stößt der/die Reflektierende jedoch an die Grenze des Sagbaren und gerät damit in das Spannungsfeld von Sagbarkeit und Unsagbarkeit, Präsenz und Absenz. Denn die Erfahrung der *unio* ist wie auch der Weltgrund, mit dem sich das Ich eint, letztlich unsagbar, nicht-darstellbar.

Theologische Definitionsversuche der Mystik gehen nun wie schon die philosophischen Definitionsversuche mehrheitlich davon aus, dass es sich bei der Mystik um die unmittelbare und nicht-rationale Erfahrung der Einung mit dem Absoluten unter der Bedingung der Selbstpreisgabe bzw. der völligen Selbstauflösung im Absoluten handelt.[15] Im Unterschied zu den rein philosophischen Annäherungen an die Mystik verstehen die theologischen Bestimmungsversuche Mystik jedoch immer als ein religiöses Phänomen, so etwa auch der Mystikforscher Robert Zaehner, der in seiner Differenzierung der Mystik in Naturmystik, monistische und theistische Mystik vom Primat der theistischen Mystik ausgeht und diese als höchste Stufe der Mystik wertet.[16] Eine rein philosophische, nicht-religiöse Mystik kann es deshalb in dieser Perspektive nicht geben, sie steht immer in Bezug zu einer religiösen Tradition.[17]

Dagegen betonen Gershom Scholem, Michel de Certeau und vor allem Steven T. Katz die soziokulturelle Bedingtheit jeder mystischen Erfahrung: Mystik, so ihre These, kann nie allgemein, sondern nur in Bezug auf eine je konkrete Religion, Tradition, auf ein je konkretes soziokulturelles Umfeld existieren. Daraus folgen die Vielheit, die Kontextgebundenheit und die soziokulturelle Abhängigkeit von Mystiken, welche universale Bestimmungsversuche unmöglich machen.

Scholem argumentiert hier mit der radikalen Formalität und Gestaltlosigkeit der mystischen Erfahrung, die ausschließlich in bestimmten religiösen Traditionen und damit in einem vorgegebenen konventionellen Rahmen realisiert und materialisiert werden kann: Die Formalität der Erfahrung führt also unweigerlich zu deren Kontextualität und Pluralität.[18] So schreibt etwa Scholem: „Es gibt nicht Mystik an sich, sondern Mystik *von* etwas, Mystik einer bestimmten religiösen Form: Mystik des Christentums, Mystik des Islams, Mystik des Judentums und dergleichen. Gewiss, es steckt etwas Einheitliches in diesen mannigfaltigen historischen Phänomenen. Dies Einheitliche, dies ‚Objekt' aller Mystik, zeigt sich eben in der Analyse der persönlichen Erfahrung der Mystiker. Aber es ist der modernen Zeit vorbehalten geblieben, so etwas wie eine abstrakte Religion der Mystik überhaupt zu erfinden."[19]

Noch radikaler fasst Katz die „Unhintergehbarkeit" der Kontextualität und Pluralität mystischer Erfahrungen: Da es keine reine und unmittelbare Erfahrung gebe, gebe es auch keine reine und allgemeine mystische Erfahrung; vielmehr sei die mystische Erfahrung durch das jeweilige soziokulturelle Milieu bedingt, und dadurch ergebe sich eine Wechselwirkung von Erfahrung und Interpretation bzw. Erfahrung und Glaube.[20] Demgemäß spricht Katz auch von einem „konservativen" Zug der Mystik durch ihre Traditions- bzw. Schriftgebundenheit.[21]

Sowohl die philosophischen als auch die theologischen Bestimmungsversuche der Mystik weisen allerdings Probleme auf, die eine kritiklose Übernahme dieser Definitionen unmöglich machen. Theologische Definitionen von Mystik weisen das Problem auf, dass sie Mystik – trotz mancher Anschlüsse an philosophische Diskussionen – als rein religiöses Phänomen, teilweise sogar lediglich als besondere Form religiöser Praxis betrachten. Die mystische Erfahrung ist zwar unbestritten durch ihren soziokulturellen Kontext und damit durch die jeweilige religiöse Tradition bestimmt, in der sie auftritt. Diese soziokulturelle Bedingtheit der mystischen Erfahrung impliziert allerdings keineswegs ihre ausschließliche Determination durch kulturell-religiöse Traditionen.[22] Darüber hinaus wird die gesamte Konzeption mystischer Erfahrung im Sinne einer unmittelbaren Erfahrung hinfällig, wäre sie ausschließlich traditionsbestimmt. Denn dann gäbe es keine unmittelbare Erfahrung, sondern immer nur bedingte und damit vermittelte Erfahrung. Kann man dann aber noch von einer mystischen Erfahrung sprechen, kommt ihr doch – wie gesehen – Unmittelbarkeit zu? Und schließlich: Wie lässt sich überhaupt eine Erfahrung als mystisch bezeichnen, und wie lässt sich überhaupt von Mystiken sprechen, wenn es kein universales Kriterium dieser Bezeichnung gibt? Genau dieses Kriterium fehlt, wenn es nur eine Pluralität von Mystiken gibt, die miteinander unvergleichbar sind. Dies macht eine Klärung des Verhältnisses von universaler Erfahrung und kontextueller Bedingtheit dieser Erfahrung notwendig. In diesem Zusammenhang ist auch die Möglichkeit so genannter reiner, unmittelbarer Erfahrung zu diskutieren und somit eine erkenntnistheoretische Diskussion der mystischen Erfahrung zu berücksichtigen.

Theologische Klärungsversuche der Mystik zeichnen sich darüber hinaus durch ein unklares Verständnis der *unio* aus: Erstens ist die *unio* kein Charakteristikum jeder mystischen Erfahrung, Scholem beispielsweise weist darauf hin, dass es in der jüdischen Mystik auch Traditionen gibt, die eine Einung mit dem Absoluten ablehnen.[23] Ferner bleibt in theologischen Klärungsversuchen häufig unklar, ob die *unio* monistisch zu verstehen ist oder nicht. Ebenso ungeklärt bleibt häufig die Bedeutung des Selbst in der Mystik, insbesondere dann, wenn die *unio* mit der Auflösung des Individuums in Gott gedacht wird. Für den christlichen Kontext folgt daraus vielfach der Ausfall der Verhältnisbestimmung von Freiheit bzw. Natur und göttlicher Liebe und Gnade.

Die philosophischen Definitionen weisen allerdings nicht weniger Probleme auf als diejenigen der Theologen. Als erstes ist die Identifizierung von Intuition und Nicht-Rationalität und der daraus resultierende Ausschluss der Intuition aus der Vernunft kritisch anzumerken. Daraus folgt ein reduziertes Vernunftverständnis, das Vernunft auf diskursives Erkennen, d. h. Denken, festlegen möchte. Damit verschafft es einem instrumentellen Vernunftverständnis Raum, das Vernunft allein im Sinne von Zweckrationalität begreift. Des Weiteren ist anzumerken, dass die Identifizierung von Intuition und Nicht-Rationalität widersprüchlich ist: Intuition ist eine besondere Form nicht allein der Erfahrung, sondern der Erkenntnis, das unterscheidet sie von bloß rezeptiver Wahrnehmung. Jenes Erkenntnisvermögen ist jedoch mehr als diskursives Wissen, und damit trägt die Vernunft die Grenze ihrer instrumentellen Reduktion in sich selbst.

Aufgrund der skizzierten Probleme der genannten philosophischen und theologischen Zugänge zur Mystik erscheint es notwendig, einen eigenen Definitionsversuch von Mystik vorzulegen.

Eine kurze Definition von Mystik[24]

Das Phänomen „Mystik" lässt sich wie folgt definieren:

> Mystik ist eine besondere Form der Erkenntnis meiner selbst und darin zugleich des Anderen meiner selbst, insbesondere des absolut Anderen meiner selbst. Dieses absolut Andere meiner selbst wird jedoch zugleich als das Innerste meiner selbst und damit als das Nicht-Andere meiner selbst erlebt. Jenes „nicht-andere Andere" bzw. „andere Nicht-Andere" trägt im monotheistischen Kontext den Namen „Gott".

Diese Definition besitzt vier Elemente: Erkenntnis, Selbst, Anderes, Gott. Diese Elemente sollen kurz erläutert werden.

Mystik als besondere Form der Erkenntnis

In der mystischen Tradition findet sich mehrfach die Beschreibung der mystischen Erfahrung als eine Verbindung von Liebe und Erkenntnis; manchmal taucht auch der Topos von den zwei Seelen- bzw. Herzensaugen Liebe und Erkenntnis auf. Mystisches Erkennen ist so gleichbedeutend mit liebendem, minnendem Erkennen. Damit decken sich diese traditionellen Beschreibungen des mystischen Erkennens mit Formen intuitiven Erkennens und Erfassens jenseits begrifflicher Erkenntnis. Mystik im Sinne intuitiver Erkenntnis ist nun als unmittelbare Erkenntnis jenseits des Denkens zu verstehen, die sich – wie etwa der Mystikforscher Carl Albrecht verdeutlicht – als ein Gewahren, Spüren und Erfassen vollzieht.[25] Dieses intuitive Erkennen ist offen für Deutungen durch das Denken, geht allerdings nicht in ihnen auf; es gibt einen nichtdiskursiven „Rest", der den Diskurs übersteigt.

Mystik als Selbsterkenntnis

Am Beginn des mystischen Erkenntnisweges steht die Selbsterkenntnis, genauer die Erkenntnis der eigenen Sündigkeit und der Sterblichkeit; nur von der Selbsterkenntnis her erschließt sich die Begegnungsmöglichkeit mit dem Absoluten. Dementsprechend setzt die viel zitierte mystische Aufforderung zur Selbstvernichtung in der Offenheit für das Göttliche zunächst einmal die Selbsterkenntnis voraus; ansonsten wäre die geforderte „Selbstvernichtung" im Sinne der Öffnung für das Absolute gar nicht möglich. Was aber ist hier mit Selbsterkenntnis gemeint?

Zunächst einmal ist Selbsterkenntnis identisch mit dem Erkennen meiner Charakterzüge und Eigenschaften. Diese Art der Selbsterkenntnis kann auch als Erkenntnis grundlegender Weisen meiner Existenz bezeichnet werden, als Erkenntnis von (Grund-)Existentialien des eigenen Daseins. Im Mittelpunkt mystischer Selbsterkenntnis steht die Erkenntnis der eigenen Endlichkeit: Ich habe mich nicht selbst hervorgebracht, sondern bin in diese meine Welt hinein geboren worden, und ich kann mich nicht unbegrenzt selbst erhalten, sondern werde einmal diese meine Welt wieder verlassen, werde sterben. Diese ontologische, d. h. seinsmäßige Unvollkommenheit meiner selbst hat auch Folgen für mein Handeln und Verhalten, für meine Lebensführung und Lebenshaltung. Genauso wenig wie ich in ontologischer Hinsicht vollkommen bin, bin ich ethisch vollkommen: Ich bin fähig zur Schuld.

Der Ausdruck „Selbsterkenntnis" bezeichnet jedoch nicht nur diesen qualitativen Aspekt meiner Existenz, sondern auch die Erkenntnis des „ich bin und nicht vielmehr nicht", also die Erkenntnis der Tatsächlichkeit meines Daseins. In dieser Form ist Selbsterkenntnis gleichbedeutend mit Selbstbewusstsein, meint doch Selbstbewusstsein nichts anderes als mein Wissen darum, dass ich überhaupt bin. Auch wenn Selbstbewusstsein in den Vollzügen meiner Existenzweisen aufscheinen kann und folglich nicht von jenem qualitativen Aspekt der Selbsterkenntnis zu trennen ist, ist es doch notwendig, beide Aspekte der Selbsterkenntnis voneinander zu unterscheiden. Die mit Selbstbewusstsein bezeichnete unhintergehbare Gewissheit des „ich bin und nicht vielmehr nicht" geht nun dem Denken voraus und ist durch dieses nicht einholbar. Die Philosophen Dieter Henrich und Manfred Frank bezeichnen daher Selbstbewusstsein als Form eines präreflexiven Vertrautseins mit sich.[26] Genau jene Vertrautheit des Ich im Selbstbewusstsein wiederum bezeichnet der Ausdruck „Subjektivität": Dem individuellen Ich Subjektcharakter zukommen zu lassen bedeutet, ihm Einmaligkeit und Einzigartigkeit zuzusprechen, also Singularität, die sich von Individualität im Sinne bloßer Einzelheit unterscheidet. Das Ich ist als Individuum zugleich unhintergehbar einmalig, es ist mehr als bloßer Teil einer Menge, Einzelnes unter bzw. neben vielen Einzelnen. Es ist in eine Besonderheit herausgehoben, die es – wiewohl Individuum

– von den anderen Individuen unterscheidet. Diese Singularität des Ich kann nicht aus seiner Individualität abgeleitet werden, denn wie sollte ein bloß Einzelnes zugleich ein Besonderes, einmalig und einzigartig sein können? Allein die Subjektivität kann diese Singularität garantieren, und diese wiederum ist mit Selbstbewusstsein, eben jener intuitiven Vertrautheit mit sich, jener Gewissheit des „ich bin und nicht vielmehr nicht" identisch. Wäre ich nicht unverrückbar mit mir vertraut, dann wäre ich mir sozusagen meiner selbst nicht sicher, könnte mir selbst nicht „trauen".

Selbstbewusstsein als vorreflexives Mit-sich-vertraut-Sein aufzufassen heißt nun jedoch, der Einsicht, dass „ich bin und nicht vielmehr nicht", den Charakter eines unmittelbaren Spürens, Gewahrens, Erfassens zuzusprechen. Denn diese Einsicht kommt mir nicht aufgrund eines Beweisverfahrens zu, und damit ist sie auch nicht mittels des Denkens zu begreifen. Das bedeutet: In seiner Präreflexivität ist das Selbstbewusstsein eine Form intuitiv gewonnener Gewissheit jenseits diskursiver Verstandeserkenntnis. Diese Einsicht ist kein Resultat eines reflexiven Prozesses. Allerdings kann sie nochmals durchdacht werden, kann demnach auch Objekt des Diskurses und damit diskursiver Deutungen sein, niemals jedoch Resultat, Konstruktion des Diskurses. Denn wie sollte etwas diskursiv hervorgebracht werden können, was sich dem Diskurs entzieht?

Wenn nun erstens Selbsterkenntnis nicht allein als Selbstreflexion, sondern vor allem im Sinne von Selbstbewusstsein als einem intuitiven und präreflexiven Gewahrwerden meiner selbst zu verstehen ist, wenn sich zweitens in der Mystik eine solche intuitive Form von Erkenntnis vollzieht, und wenn drittens der mystische Weg mit der Selbsterkenntnis einsetzt, dann folgt daraus: In der Mystik vollzieht sich eine besondere Form der Erkenntnis (als Intuition), und zwar der Selbsterkenntnis im Sinne des als präreflexives Mit-sich-vertraut-Sein gekennzeichneten Selbstbewusstseins, das als Voraussetzung der Selbstreflexion fungiert und das Initial des mystischen Weges ist. Die Selbstreflexion erweist sich als Nachvollzug der Erkenntnis meiner selbst, die mir bereits intuitiv im Selbstbewusstsein gegeben ist. Ohne diese besondere Form der Selbsterkenntnis könnte der mystische Weg zu Gott nicht in Gang kommen.

Dem Ich eignet nun jedoch nicht nur Singularität und damit Subjektivität. Das Ich gewahrt sich vielmehr auch und zugleich als In-der-Welt-Sein, das an einem konkreten Lebensort, einer konkreten Lebenszeit existiert. Da das In-der-Welt-Sein ein Sein mit Anderen einschließt, die mit dem Ich in der Welt sind, gewahrt das Ich auch jenes Andere, das mit ihm in der Welt ist, ja, das ihm überhaupt „Welt" sein kann, auch wenn das Ich zugleich deren Teil ist. In dieser Hinsicht ist das Ich nicht Subjekt, sondern Person, da Personalität identisch ist mit einem In-Beziehung-Sein zu Anderen und Anderem. Jenes dem Ich gewahr werdende, aufscheinende Andere seiner selbst kann auch ein „Mehr" bzw. „Darüber hinaus" seiner selbst genannt werden, und das ist nichts anderes als eine „innerweltliche" Transzendenz seiner selbst. Zwar ist das Ich als ein in der Welt seiendes Dasein Teil dieser Welt, und insofern ist die Welt dem Ich kein radikales und absolutes Gegenüber, keine absolute Transzendenz, und dennoch ist das Ich als In-der-Welt-Sein nicht identisch mit der Welt und dem in der Welt begegnenden Anderen. Die Verhältnisbestimmung zwischen dem Ich und dem Anderen des Ich ist nun auch für die mystische Erkenntnis bedeutsam.

Mystik als Erkenntnis des Anderen, insbesondere des absolut Anderen meiner selbst

Dem Ich ist aufgrund seines Mit-sich-vertraut-Seins eine Welt eröffnet. Dieser Welterfahrung und Welterkenntnis kann es trauen, weil es immer schon mit sich selbst vertraut ist; die Selbsterkenntnis ist Vorbedingung der Welterkenntnis und damit der Offenheit für ein innerweltliches „Mehr" und in dieser Hinsicht für eine innerweltliche „Transzendenz" seiner selbst. Der personale Aspekt der Existenz als Bezug zu Anderen nimmt auch in der Mystik eine zentrale Position ein. Dabei geht es der Mystik jedoch nicht allein um die „innerweltliche Transzendenz", sondern vor allem um die Erkenntnis eines absolut Anderen meiner selbst und der Welt, in der ich mit Anderen bin, einem absolut Anderem, dem sich das In-der-Welt-Sein als Seinkönnen überhaupt erst verdankt. Für die Mystik kann man nun berechtigterweise von einem unauflöslichen Ineinander von Selbst- und Welterkenntnis und der Erkenntnis eines Absoluten sprechen, steht doch die Selbsterkenntnis am Beginn des mystischen Weges, und finden sowohl Selbsterkenntnis als auch die Erkenntnis des Absoluten in der Auseinandersetzung mit der Welt statt, ob in Hinkehr des erkennenden Selbst zur Welt oder in Abkehr von ihr. Das bedeutet gleichzeitig auch: Die Erkenntnis eines absolut Anderen meiner selbst, dem ich mich überhaupt erst verdanke, vollzieht sich in der Erkenntnis meiner selbst. In der Einkehr in meinen eigenen Grund entdecke ich ein Anderes meiner selbst, das mich gründet. Dieses Andere meiner selbst ist ein in Bezug auf mich absolut Anderes, insofern es kein anderes In-der-Welt-Sein ist, sondern vielmehr ein Anderes, dem sich die Anderen, die mit mir in der Welt sind, ebenso verdanken wie ich mich ihm verdanke. Nun entdecke ich dies absolut Andere jedoch gerade im Vollzug der Erkenntnis meiner selbst, ich entdecke es als meinen Grund. Dabei entdecke ich es zugleich auch als Grund meines Selbstbewusstseins, also als einen Grund, dem ich mich nicht nur hinsichtlich meiner Existenz, sondern auch hinsichtlich meines Erkenntnisvermögens, dessen Möglichkeitsbedingung das Selbstbewusstsein ist, verdanke. Das absolut Andere ist also ein Grund meiner selbst, folglich auch ein Grund meines Selbstbewusstseins, der von mir in der Gegebenheit des Selbstbewusstseins erkannt wird. In dieser Hinsicht ist das absolut Andere meiner selbst gleichzeitig „mein Eigen" bzw. „mir zu eigen" und insofern – eben als Grund in meinem Selbstbewusstsein sowie meines Selbstbewusstseins – Nicht-Anderes meiner selbst. Diese andere Nicht-Andersheit bzw. nicht-andere Andersheit beschreibt ein Verhältnis der Identität in Differenz bzw. eine differenzierte Einheit von Ich und absolut Anderem – christlich gesprochen: von Ich und Gott. Und genau jenes Verhältnis sucht die Mystik mit dem Ausdruck *unio* zu beschreiben.

Die mystische Erkenntnis des absoluten Grundes meiner selbst und der Welt ist also als eine vorreflexive, intuitive Erkenntnis zu verstehen. Als vorreflexive Erkenntnis vollzieht sie sich jedoch genau besehen „vor" aller Sprache, da Sprache schon dem Bereich der Reflexion und des Diskursiven angehört. Dementsprechend schrieb der Philosoph Ludwig Wittgenstein in seinem ersten großen Werk „Tractatus logico-philosophicus": „Es gibt allerdings Unaussprechliches. Dies *zeigt* sich, es ist das Mystische."[27] Wittgenstein wurde nun häufig dahingehend missverstanden, als dürfe man über das Mystische überhaupt nichts sagen, als verträte Wittgenstein – und mit ihm die gesamte Tradition der Mystik – eine streng negative Theologie nach dem Motto: Über Gott und die Erfahrung göttlicher Gegenwart bzw. die mystische Erfahrung einer Einung mit dem göttlichen Weltgrund zu reden ist unmöglich. Doch das Verhältnis von mystischer Erkenntnis und deren sprachlichem Ausdruck ist komplexer. Das, was in der mystischen Einung erlebt und erkannt wird, unterliegt keinem Schweigeverbot, sondern der Notwendigkeit der Versprachlichung. Zwar ist das mystische Erfassen vorsprachlich und so zunächst einmal „unaussprechlich" insofern, dass es nicht in Sätze zu fassen ist, dass es sich nicht durch Urteile definieren lässt, dass es sich dem Zugriff begrifflichen Denkens entzieht. Doch es drängt in den reflexiven Nachvollzug, in den Prozess diskursiver Praktiken, weil es vermittelt werden muss. Denn es handelt sich um keine „Privatoffenbarung" und keine rein subjektive Gewissheit, sondern um eine Erkenntnis mit universalem Anspruch, weil es sich um die Erkenntnis des Grundes meiner selbst und der Welt, in der ich mit Anderen bin, handelt. Der Mystikforscher Alois Maria Haas spricht daher zu Recht von einem „mystischen Paradox", das das Verhältnis von Mystik und Sprache kennzeichnet:[28] Es soll etwas vermittelt werden, etwas zum Ausdruck gebracht werden, was sich zunächst der Vermittlung, der Kommunikation durch Sprache entzieht. Wie aber von etwas sprechen, wovon man, da vor aller Sprache, nicht sprechen kann? Dieses Paradox kennzeichnet die Mystik, und deshalb sind Mystikerinnen und Mystiker stets auf der Suche nach einer geeigneten mystischen Sprache, die dem entspricht, was sich *zeigt*, was als Unaussprechliches zur Erscheinung kommt und sich zugleich jeder Sprache entzieht. Diese Sprachform, die dem paradoxalen Charakter dessen entspricht, das sich zeigt und sich zugleich entzieht, ist nicht einheitlich. Sie setzt sich vielmehr aus mehreren Sprachformen zusammen wie etwa aus Analogie und Metapher. Es finden sich auch paradoxale Formulierungen, so etwa bei Meister Eckhart:

> „Es ist ein wunderlich Ding, dass etwas ausfließt und doch drinnen bleibt, das ist gar wunderlich; dass alle Kreaturen ausfließen und doch drinnen bleiben, das ist gar wunderlich; was Gott gegeben hat und was Gott zu geben gelobte, das ist gar wunderlich und ist unbegreiflich und unglaublich. Und dem ist recht so; denn, wäre es begreiflich und glaubhaft, so stünde es nicht recht darum. Gott ist in allen Dingen. Je mehr er in den Dingen ist, um so mehr ist er außerhalb der Dinge; je mehr drinnen, umso mehr draußen, und je mehr draußen, umso mehr drinnen."[29]

Hier stößt Eckhart bei dem Versuch, etwas vorreflexiv Erkanntes in Sprache zu fassen und argumentativ zu rechtfertigen, an die Grenze der Sprache. Diese Grenze, die in den paradoxalen Formulierungen zum Ausdruck kommt, verweist jedoch zugleich auf das, was in der Sprache sich als vorsprachlich erweist, auf das, was nicht ins Denken gezwungen werden kann, sondern was sich zeigt.

Die mystische Sprache kann darüber hinaus auch auf poetische oder erzählende, narrative Formen zurückgreifen. Sie kann die Form von Poesie, Briefliteratur, Tagebüchern, Visionsbeschreibungen o. ä. annehmen. Immer geht es darum, vom Unaussprechlichen, das sich zeigt, vom Mystischen, das vorreflexiv und vorsprachlich erspürt und erfasst wird, Zeugnis abzulegen und so anderen zu vermitteln und so Worte zu finden für das, was jenseits der Worte ist.

Nun gibt es jedoch unterschiedliche Formen, das Absolute zu begreifen. Das Verständnis des Absoluten als „Gott" ist das Verständnis, das die monotheistischen Religionen bestimmt, also Judentum, Christentum, Islam. Doch es gibt auch andere, nicht-theistische Bestimmungen des Absoluten – etwa als all-einen Weltgrund wie in den Religionen des Ostens. Dementsprechend finden sich auch unterschiedliche Formen von Mystik.

Mystische Vielfalt

Die Pluralität von Mystiken, in die sich Mystik als universales Phänomen (im Sinne der besonderen Form von Selbst- und Welterkenntnis sowie der Erkenntnis eines Absoluten) ausfaltet, entspricht der Pluralität von Deutungen eines absoluten Weltgrundes, eines absolut Anderen meiner selbst und der Welt, dem sich Selbst und Welt verdanken. Diese Deutungen können sich dabei auf bestimmte religiöse Traditionen beziehen bzw. in religiöse Traditionen eingebettet sein, die das Absolute mit einer transzendenten Wirklichkeit gleichsetzen, etwa einem personalen Gott. Sie können das Absolute jedoch auch im Rückgriff auf einen All-Einheitsgedanken eher pantheistisch verstehen und dabei sowohl die

Immanenz des Weltgrundes als auch dessen Apersonalität in den Vordergrund rücken. Diesen Deutungsmustern des Absoluten, die mit religiösen Traditionen in eins gehen können, stehen Deutungen gegenüber, die sich nicht (mehr) an religiöse Traditionen binden: Der Grund der Welt kann mit der Natur identifiziert werden oder mit der Materie bzw. mit dem Leben selbst – ohne Annahme einer transzendenten Wirklichkeit. Diese nichtreligiösen Deutungen können durchaus einen All-Einheitsgedanken besitzen, doch diese All-Einheit ist nicht mehr die All-Einheit eines Prinzips, das Geist und Materie umfasst; es handelt sich um die All-Einheit der Natur, der Materie, des Lebens. Der Mensch hat an dieser Einheit teil – als Naturwesen.

Diesen religiösen oder nichtreligiösen Deutungen des Absoluten entsprechend lassen sich Mystiken in religiöse und nichtreligiöse bzw. areligiöse Mystiken unterscheiden. Als areligiöse Mystik können die vielfältigen Varianten der Naturmystik verstanden werden, in deren Zentrum ein Einheitserlebnis mit der Natur steht,[30] wiewohl Naturerlebnisse auch Anstoßpunkt für eine religiös gedeutete *unio mystica* sein können. Naturmystik ist hier monistische Mystik: Das Individuum löst sich auf in der All-Einheit der Natur.[31]

Im Unterschied zu areligiösen Mystiken steht in religiösen Mystiken die Erfahrung der Einheit mit einem absoluten Grund alles Seienden im Mittelpunkt. Diese mystische Einung mit dem Absoluten kann streng monistisch gedeutet werden als Auflösung des Individuums in einem all-einen Grund, wobei hier wiederum zwei Varianten möglich sind: ein „atheistisches" oder ein pantheistisches Verständnis des All-Einen. Ein eher pantheistisches Verständnis findet sich im Hinduismus im Gedanken des *atman/brahman* als allumfassenden göttlichen Weltgrund, als all-eine Gottheit, aus der die Vielzahl von Einzelgöttern entspringt wie auch die Welt und die Kreaturen. Ein eher „atheistisches" Verständnis des All-Einen dagegen vertritt der Buddhismus: Anfang und Ende alles Seienden ist kein all-eines Seinsprinzip, sondern das *nirwana*, Nichts. Zwar kennen auch theistische Mystiken die Deutung des göttlichen Grundes als „Nichts". So bestimmt Meister Eckhart z. B. Gott als Nichts im Vergleich zum Einzelseienden, weil Gott kein einzelnes Seiendes ist. Doch zugleich ist Gott das Sein selbst in Differenz zum einzelnen Seienden, aus dem das „Dies und Das" der Dinge entspringt. Gleichsetzungen des buddhistischen Nirwana mit diesem göttlichen Nichts verkennen die grundsätzliche ontologische Differenz zwischen beiden: Das göttliche Nichts ist lediglich im Vergleich zum Seienden Leere und Lauterkeit, als Grund alles Seienden jedoch zugleich unendliche Fülle, die alle Eigenschaften des Seienden in sich trägt. Das Nirwana dagegen ist bedingungslose Leere, kein „Sein", sondern jenseits des Seins, folglich auch keine Gottheit.

Von den streng monistisch geprägten Mystiken der östlichen Religionen sind die Mystiken der drei so genannten abrahamitischen Religionen Judentum, Christentum und Islam zu unterscheiden. Alle drei Mystiken sind zunächst durch die monotheistische Ausrichtung gekennzeichnet: Das Absolute, mit dem sich die mystische Einung vollzieht, wird als Gott bzw. göttlicher Grund bestimmt. Doch auch hier existiert eine Bandbreite von einem strikten Monotheismus, in dem das Absolute ausschließlich ein personaler Gott ist, bis hin zu einer Verbindung von monotheistischen und monistischen Gedanken, wenn etwa differenziert wird zwischen einem sich offenbarenden Gott, der gerade darin Person ist, und einer verborgenen all-einen Gottheit quasi „hinter" dem personalen Gott. Die Gottheit wird zum personalen Gegenüber, wenn sie sich zeigt, doch sie ist mehr als nur Person. Diese Verbindung lässt sich in allen drei monotheistischen Mystiken finden.

Angesichts dieser mystischen Vielfalt ist eine umfassende Darstellung der genannten Mystiktraditionen unmöglich; daher konzentriert sich die folgende Erläuterung mystischer Gedanken auf die Tradition der Christlichen Mystik.[32]

Christliche Mystik: affektiv und spekulativ

In der christlichen Mystik steht im Zentrum die Begegnung mit Gott, der gemäß christlicher Grundüberzeugung in Jesus von Nazareth Mensch geworden ist. Diese theistische und christozentrische Ausrichtung ist das entscheidende Charakteristikum christlicher Mystik, das sie von den Mystiken der anderen beiden monotheistischen Religionen ebenso unterscheidet wie von den östlichen Mystiken.

Traditionell wird nun zwischen zwei Großrichtungen christlicher Mystik differenziert, der so genannten affektiven und der so genannten spekulativen Mystik. Unter affektiver Mystik werden in der Regel mystische Konzeptionen verstanden, in deren Zentrum eine besondere Erfahrung steht wie etwa Visionen oder Auditionen. Mystik wird dementsprechend als *„cognitio Dei experimentalis"* (Erkenntnis Gottes durch Erfahrung) verstanden – eine Formel, die auf Johannes Gerson zurückgeht.[33] Mystik gilt dieser Formel zufolge als Form einer besonderen, unmittelbaren Erfahrungserkenntnis Gottes. Dabei wird das Absolute, mit dem sich das Ich als vereint erfährt, mit Gott bzw. Christus identifiziert und damit auch personalisiert: Die *unio* vollzieht sich zwischen Personen, zwischen dem menschlichen Selbst und dem trinitarischen Gott, insbesondere zwischen menschlichem Selbst und Mensch gewordenem Christus. Damit steht der Aspekt der Gottes*begegnung*, nicht so sehr der Einung, im Zentrum. Die traditionelle Formel *„cognitio Dei experimentalis"* stellt zudem die affektive Dimension der *unio* heraus, die sich in Form von Visionen und Auditionen vollziehen kann, also in ekstatischen Erfahrungen, dem so genannten *raptus*, dem Hingerissen- bzw. Hinaus- oder Emporgezogenwerden. Häufig fallen diese affektiven Mystiken mit braut- bzw. liebesmystischen und mit leidensmystischen Ansätzen zusammen, beispielsweise in der zisterziensischen und franziskanischen Mystik-Tradition sowie in Traditionen der Frauenmystik. Diesen affektiven Ansätzen werden spekulative Ansätze gegenübergestellt, die ekstatische Erfahrungen vehement ablehnen, so etwa die Mystik Meister Eckharts, aber auch diejenige Teresa von Avilas oder Margeruite Porêtes.

Die Unterscheidung zwischen affektiven und spekulativen Mystiken ist zwar einerseits zutreffend, denn unbestreitbar wendet sich etwa Eckhart gegen Visionen und andere ekstatische Erfahrungen. Andererseits schreibt diese Differenzierung eine Entgegensetzung von Affektivität und Spekulation fest wie auch eine Sexualisierung der beiden Aspekte: Frauenmystik gilt als affektiv, Männermystik dagegen durchaus auch als spekulativ. Die Unterscheidung zwischen affektiver und spekulativer Mystik kann daher nur mit dem Hinweis beibehalten werden, dass affektive Mystiken ebenso spekulative Gehalte besitzen wie umgekehrt spekulative Mystiken affektive. Denn auch spekulative Mystiken beschreiben die mystische Einung als ein Gefühl, als ein Spüren und Gewahren – aber eben ohne konkrete Visionen oder andere ekstatische Erfahrungen. Gemeint ist vielmehr ein bildloses, gewissermaßen intellektives Schauen und Erfahren Gottes. Umgekehrt kennen affektive Mystiken durchaus die Reflexion des in der Einung Erfahrenen und damit so etwas wie einen spekulativen Gehalt – dies allerdings ohne Rekurs auf scholastische Disputationen. Die spezifische Differenz zwischen beiden Formen der Mystik ist allein der fehlende Rekurs auf ekstatische Erfahrungen in Mystiken, die deshalb als spekulativ bezeichnet werden, sowie die explizite Aufnahme auch scholastischer Traditionen in spekulativ-mystischen Konzeptionen.

2. Kernmotive christlicher Mystik

Das Zentrum christlicher Mystik: Die Einung mit Gott

Christliche Mystik ist es in erster Linie um die Einung mit Gott zu tun, der *unio mystica*; sie ist Ziel und Höhepunkt des mystischen Weges zu Gott. Diese Einung kann als Form und Vollzug der Erkenntnis Gottes, folglich auch die Mystik als Form von Erkenntnis verstanden werden. Wie wird nun in der christlichen Mystiktradition die mystische Einung als besondere Form der Gottesbegegnung und Gotteserkenntnis konzipiert?

Selbsterkenntnis als Möglichkeitsbedingung der Einung mit Gott

Häufig wird vermutet, dass in der Mystik das Selbst keine Bedeutung besitze, ja keine Bedeutung besitzen dürfe, weil die mystische Einung an das Zunichtewerden des Selbst, an Selbstpreisgabe und Selbstverlust gebunden sei. Diese Vermutung ist jedoch genau besehen ein Klischee. Denn zum einen steht am Beginn des mystischen Weges nicht Selbstvernichtung, sondern Selbsterkenntnis, und zum anderen ist zu fragen, welches Selbst in der Einung zunichte wird, und ob dieses Zunichtewerden gleichbedeutend ist mit Selbstpreisgabe und Selbstverlust im Sinne der völligen Auflösung des Ichs in der Einung mit Gott.

Die Selbsterkenntnis ist die Voraussetzung für die Begegnung mit Gott, denn die Gotteserfahrung setzt das Gewahrwerden der Existenz meiner selbst voraus. Die Mystikerin, der Mystiker sind Subjekte der Erfahrung und Begegnung mit Gott und müssen, um Gott überhaupt fühlen und schauen zu können, erst einmal sein und sich dieses Seins gewiss sein, andernfalls könnte die Begegnung von Seele und Gott gar nicht in Gang kommen. Ebenso muss das Selbst erst einmal Kenntnis von sich selbst haben, um sich überhaupt lassen, um selbst „zunichte" werden zu können. Die Selbsterkenntnis ist folglich Basis und Voraussetzung des Ausgangs aus sich heraus in der mystischen, ekstatischen Erfahrung Gottes. So schreibt etwa Richard von St. Viktor: „Der Geist, der nicht in der Erkenntnis seiner selbst lange geübt und ganz erzogen ist, wird zur Erkenntnis Gottes nicht emporgehoben. Vergebens erhebt er das Auge des Herzens zum Schauen Gottes, wenn er noch nicht fähig ist, sich selbst zu schauen. Zuerst lerne der Mensch, sein Unsichtbares zu erkennen, bevor er sich unterfange, das Unsichtbare Gottes erfassen zu wollen ... Andernfalls, wenn du dich nicht selbst erkennen kannst, wie willst du die Stirn haben, zu erfassen, was über dir ist?"[34]

Diese Sammlung im Inneren ist nun identisch mit Selbstreflexion und damit mit Selbsterkenntnis; die Zuwendung zu Gott ist folglich an die Zuwendung zum eigenen Innersten gebunden, die Übereinstimmung mit Gott eng mit der Sammlung im Innersten verwoben. Sie ist Basis und Voraussetzung des Ausgangs aus sich heraus in der mystischen, ekstatischen Erfahrung Gottes. Der mystische Aufstieg und die *ekstasis* sind somit einerseits identisch mit der Einkehr ins eigene Innere, andererseits ist diese Einkehr verbunden mit einem Ausgang aus sich heraus in die Begegnung mit dem Anderen, mit Gott. Die *unio* findet also im Innersten statt, und damit kann es ohne Selbsterkenntnis keine Erkenntnis Gottes geben. Doch die Selbsterkenntnis ist immer auch Erkenntnis des Anderen des Selbst, eben Gotteserkenntnis, wie Mechthild von Magdeburg schreibt: „Der Mensch (sprach): ‚Herr bist du es? Dann wende dein Antlitz zu mir, dass ich dich erkennen kann!' Da sprach unser Herr: ‚Erkenne mich im Innern!'"[35] Diese Formulierung erinnert deutlich an Augustins Forderung der Einkehr in das eigene Innere, um dort Gott zu finden, sowie an Augustins Bestimmung Gottes als *„Interior intimo meo, superior summo meo* – innerlicher als mein Innerstes, höher als mein Höchstes."[36] Dementsprechend ist die Selbsterkenntnis als Beginn des mystischen Weges in die *unio* zugleich Möglichkeitsbedingung der Erkenntnis Gottes, die sich in der Einung vollzieht. Die Selbsterkenntnis, die Sammlung im eigenen Innersten, ist Basis und Voraussetzung des *excessus*, des Ausgangs aus sich heraus in der mystischen, ekstatischen Erfahrung Gottes.[37] Der *excessus* setzt somit das Ich schon voraus als dasjenige, das aus sich heraus geht. Belegt wird dies sozusagen umgekehrt durch den Ausdruck „Rückkehr zu sich" aus dem ekstatischen Zustand: „Danach kehrte sie in sich selbst zurück; und sie fühlte, dass ihr Geliebter ihrem Innersten durch unauflösbare Vereinigung verbunden war."[38]

Was aber meint hier Selbsterkenntnis genau? Zunächst einmal hat Selbsterkenntnis einen qualitativen Aspekt: Es handelt sich um die Erkenntnis der Kontingenz, die Erkenntnis der eigenen Sterblichkeit und der eigenen Schuld, also der moralischen Unvollkommenheit. Sünde und Tod sind die beiden Grenzerfahrungen, in denen sich das Ich auf sich selbst zurückgeworfen weiß, und genau darin erfährt es seine eigene Existenz. Wenn ich mich als sündig und sterblich erkenne, dann erkenne ich einerseits die Nichtigkeit meines Daseins, und andererseits aber gerade in dieser Erkenntnis der Nichtigkeit, Zufälligkeit und Niedrigkeit, dass ich bin. So findet sich bei Mechthild von Magdeburg folgende Formulierung: „Hierauf nehme ich den Spiegel der wahren Erkenntnis zur Hand. In ihm sehe ich, wie ich selber bin. Dann sehe ich leider nichts anderes als nur: o weh."[39] Ebenso führt Gertrud von Helfta aus: „Durch Deine Gnade hast Du meine Seele angeleitet, das Innerste meines Herzens, meiner selbst zu erkennen und danach genau zu betrachten. Vorher habe ich mich um mein Innerstes ebenso wenig gekümmert wie um den Zustand meiner Fußsohlen. Aber nun, durch Dich angeregt, habe ich in meinem Herzen vieles gefunden, das Deiner allerreinsten Reinheit anstößig sein musste."[40] Auch Teresa von Avila kennt die Bedeutsamkeit der Selbsterkenntnis als Erkenntnis der eigenen Kontingenz für den Weg in die „innere Burg":

> „... es ist eine so wichtige Sache, dieses Erkennen unseres eigenen Ichs, dass ich wünschte, ihr möchtet niemals darin ermatten, so hoch ihr auch in den Himmeln emporgestiegen sein möget ... Doch nach meiner Ansicht werden wir mit unserer Selbsterkenntnis nie zu Ende kommen, wenn wir nicht danach trachten, Gott zu erkennen. Im Anblick seiner Größe erkennen wir unsere Niedrigkeit, und angesichts seiner Reinheit sehen wir unseren Schmutz."[41]

Selbsterkenntnis vollzieht sich also in Selbstreflexion. Das Ich macht sich selbst zum Objekt seines Denkens, denkt sich selbst. Damit beginnt der Weg ins Innere des Selbst, die Einkehr ins Ich. Anstoß wie Inhalt dieser Selbstreflexion ist die Erfahrung der Kontingenz, und diese Erfahrung bewahrt vor Selbstermächtigung. Zum anderen führt dies zur Offenheit für das Andere meiner selbst, für das, über das ich in meiner Endlichkeit nicht verfügen kann, sei es das je eigene Leben, sei es das Leben Anderer. Die Erkenntnis des Innersten führt so zugleich heraus zum Außerhalb meiner selbst, in letzter Konsequenz zur Erkenntnis und Anerkenntnis desjenigen, dem ich meine endliche Existenz verdanke, zu der Erkenntnis Gottes als des Anderen meiner selbst, der zugleich Grund meiner Existenz ist, und damit zu einem „Ineinander von Selbsterkenntnis und Gotteserkenntnis".[42]

Doch Selbsterkenntnis hat neben diesem qualitativen Aspekt der Erkenntnis meiner selbst als sündig und sterblich auch noch einen anderen Aspekt, nämlich denjenigen der Erkenntnis der nackten Faktizität meiner Existenz. Diese Erkenntnis vollzieht sich nicht mehr reflexiv, sondern vorreflexiv in Form einer intuitiven Erkenntnis eines „ich bin und nicht vielmehr nicht" – eine Erkenntnis, die identisch ist mit Selbstbewusstsein in Form einer präreflexiven Vertrautheit mit sich. Diese Erkenntnis liegt jeder anderen Erkenntnis zugrunde – insbesondere auch der mystischen Erkenntnis Gottes, vollzieht sich doch die mystische Einung im Inneren des Selbst, im Herzen der Seele (Gertrud von Helfta), in der Klausur der Seele (Marguite Porête), dem Seelengrund (Meister Eckhart), der inneren Seelenburg (Teresa von Avila). Das lässt sich in besonderer Art und Weise am Verständnis der Selbsterkenntnis bei Meister Eckhart verdeutlichen.

Meister Eckhart versteht unter Selbsterkenntnis ein Doppeltes: Zunächst ist sie die Erkenntnis der eigenen Sündigkeit und Sterblichkeit, die Eckhart auch als Armut bezeichnet. Folglich ist Eckharts Verständnis der Selbsterkenntnis identisch mit der Erkenntnis der eigenen Kontingenz, der ontologischen und ethischen Unvollkommenheit und Endlichkeit. Aus dieser Erkenntnis folgt für Eckhart ein Zweifaches: die Haltung der Demut, aber auch die Aufforderung zur Abgeschiedenheit und Gelassenheit: Ich muss mich meiner selbst, meiner eigenen Armut, abscheiden, aber auch der Armut jeglicher Kreatur in ihrer Kontingenz; umgekehrt muss ich diese Armut anerkennend zulassen, also zur Endlichkeit meiner selbst und der Welt, der Kreatur überhaupt, „gelassen" sein, um dann mich selbst und die Dinge, die kreatürliche Welt, „lassen" zu können. Das Abscheiden und Gelassensein von den Dingen und mir selbst erfordert also umgekehrt ein Gelassensein zu den Dingen und zu mir selbst. Damit, darauf sei schon jetzt hingewiesen, implizieren Abgeschiedenheit und Gelassenheit keineswegs eine abwehrende und feindliche Haltung gegenüber der sinnlichen Erfahrung der materiellen Welt bzw. eine Weltflucht, im Gegenteil: „Je ärmer ein Mensch im Geiste ist, umso ‚abgeschiedener' und alle Dinge mehr zunichte machend ist er; je ärmer im Geiste er ist, umso zugehöriger sind ihm alle Dinge und umso mehr sind sie sein Eigen."[43]

Aus dieser Abgeschiedenheit und Gelassenheit meiner selbst entspringt die Möglichkeit des Erkennens Gottes im Sinne eines Gelassenseins zu Gott, das ein Zulassen Gottes in der *unio* wie auch ein „Lassen" Gottes im Sinne des Nicht-verfügen-Wollens mit einschließt. Im Sinne dieser Gelassenheit und Abgeschiedenheit ist auch folgende Forderung Eckharts zu verstehen: „Soll die Seele Gott erkennen, so muss sie sich selbst vergessen und muss sich selbst verlieren."[44] Damit die Seele überhaupt sich selbst, alle Dinge und Gott erkennen kann, muss sie unbeschadet der Erkenntnis ihrer selbst, und das heißt: ihres Innersten, ihres Grundes, sich selbst verlieren, also sich von sich selbst abscheiden, sich selbst lassen. Dies erfordert allerdings auch ein Zulassen seiner selbst, eine Hinkehr zu sich, die dann die Abkehr von sich, genauer: von der egoistischen Konzentration auf sich, erst ermöglicht.

Neben der Erkenntnis der eigenen Endlichkeit und Armut meint jedoch Selbsterkenntnis bei Eckhart vor allem die Sammlung im eigenen Inneren im Sinne der Selbstreflexion. Folglich ist die Selbsterkenntnis als Reflexion seiner selbst Möglichkeitsbedingung der sich im Seelengrund vollziehenden Einung mit Gott und damit Erkenntnis Gottes: „… wer kommen will in *Gottes* Grund, in dessen Innerstes, der muss zuvor in seinen eigenen Grund, in sein Innerstes kommen, denn niemand kann Gott erkennen, der nicht zuvor sich selbst erkennen müsse."[45] Umgekehrt weist die Gotteserkenntnis jedoch auf die Selbsterkenntnis zurück: „Indem sie Gott erkennt, erkennt sie sich selber und alle Dinge, von denen sie sich geschieden hat, in ihm."[46]

Selbsterkenntnis meint jedoch bei Eckhart mehr als Selbstreflexion. Es handelt sich vielmehr um eine umfassende Erkenntnis, in der in einem einzigen Augenblick die Gewissheit meiner selbst, der Welt und Gottes aufscheint in Form eines unmittelbaren Erfassens und Berührens insbesondere der Gottheit. Diese Erkenntnis geht über die Selbstreflexion hinaus, da sie als Erkenntnis, die in einem Moment, „in einem Schlag", alle Erkenntnis gibt und umfasst, die Reflexion sprengt:

> „... wer Gottes Lehre empfangen will, der muss sich sammeln und sich in sich selbst verschließen und sich von allen Sorgen und Kümmernissen und dem Getriebe niederer Dinge abkehren. Die Kräfte der Seele, deren so viele sind und die sich so weit zerteilen, über die muss er hinaus schreiten, ja sogar noch ,über die Kräfte', soweit sie im Bereich des ,diskursiven' Denkens liegen ... über dieses Denken muss man hinaus schreiten, soll Gott in *jene* Kräfte ,ein-'sprechen, die nicht ,mehr' zerteilt sind."[47]

So findet sich bei Eckhart eine Erkenntnisform, die als mystisch bezeichnet worden ist: eine unmittelbare Erkenntnis meiner selbst, des Anderen meiner selbst sowie eine unmittelbare Erkenntnis Gottes. Selbsterkenntnis als „Lugen in den einfaltigen Grund" führt zur Anerkenntnis einer Gewissheit, die in diesem „einfaltigen Grund" schon gegeben ist in einem immerwährenden „Lugen" und Stehen in jenem Grund. Dort ereignet sich eine vorreflexive, unmittelbare Schau, die „alle Kreaturen überhüpfen und überspringen" muss, eine unvermittelte und unverhüllte Schau Gottes.

Wo und wie aber findet die skizzierte Einheit von Selbst-, Welt- und Gotteserkenntnis statt? Die christliche Mystik kennt hier die Tradition der Einung mit Gott im Grund der Seele.

Mystische Einung: Selbst-, Welt- und Gotteserkenntnis im „Grund der Seele"

Der Gedanke von der Einung mit Gott im Grund der Seele findet sich in verschiedenen Traditionen christlicher Mystik. Die affektive Mystik des „mystischen Dreigestirns" des Klosters Helfta (Mechthild von Hackeborn, Mechthild von

Magdeburg, Gertrud von Helfta) beispielsweise kennt die Metapher „Herz" als Ausdruck für den Grund und das Innerste der Seele, in dem sich die Einung mit Gott vollzieht. Damit weisen die Helftaer Mystikerinnen dem Bereich des Leiblich-Affektiven und des Erotischen eine hohe Bedeutung zu, denn der Ausdruck „Herz" umfasst das Leibliche (das Herz als Teil des menschlichen Körpers) und Emotionale (das Herz als Metapher für das Gefühl der Liebe), das zur Mitte des Menschen dazugehört: „Auf jeden Fall ist ‚Herz' ... ein Begriff, der bildhaft und anschaulich ist und in dieser bildhaften Konkretheit gerade seine Eigenart und seine besondere Bedeutung hat ... Dieses Herz als ursprüngliche und ursprünglich erfahrene Mitte der leib-geistigen Person darf auch nicht verwechselt werden mit etwas rein Geistigem. Der auch in der modernen christlichen Philosophie und in dem sich selbst nicht adäquat richtig interpretierenden Alltagsempfinden immer noch vorherrschende platonische Dualismus darf uns hier nicht verführen. Der Mensch erfährt seine Mitte als die Mitte der einen leib-geistigen Person."[48]

Gertrud von Helfta verortet die Selbsterkenntnis im Innersten ihres Herzens bzw. im Herzensgrund der Seele; in der Selbstreflexion geht die Seele in ihr Herz zurück.[49] Damit die Seele aber in der Selbsterkenntnis dorthin zurückkehren und einkehren kann, muss dieser Herzensgrund bereits vor der Reflexion gegeben sein; er entsteht nicht in der Reflexion, sondern wird reflexiv vorgefunden, erkannt. Damit ist das Herz der Reflexion vorgängige Mitte und Grund, „Tiefbrunnen"[50] der Seele, in den sie sich hineinsenken kann. Sie lebt aus dieser Mitte, und damit ist das Herz Möglichkeitsbedingung der Erkenntnis, denn die Seele muss in der Reflexion in das Herz zurückgehen; es ist die Mitte der Personalität des Menschen, denn aus dieser Mitte heraus erfährt er sich erst als Person, also als In-der-Welt-Sein, als Teil eines Beziehungsgefüges. Zugleich ist das Herz auch Seinsgrund, allerdings nur insofern, als es Wohnort Gottes im Menschen ist, andernfalls wäre der Mensch sich selbst Ursprung, verdankte seine Existenz sich selbst.

Es wird deutlich, dass die Erfahrung des Herzensgrundes eine präreflexive ist, ist sie doch „ursprünglicher" als jedes Wissen, bin ich doch sozusagen mit meinem Herzen vertrauter als mit jeglicher Art von reflexivem Erkennen. Damit drückt die Herzmetapher eben jenes präreflexive Mit-sich-vertraut-Sein aus, das die Mystik voraussetzen muss, um ihren Weg zu Gott überhaupt beschreiten zu können. Damit wird ein Weiteres deutlich: „Herz" ist im eigentlichen Sinne weder Ding noch Ort. Die menschliche Mitte ist nicht lokalisierbar, ist keine Substantialität im Sinne eines unveränderlichen Wesenskerns. Dann aber ist sie auch nicht definierbar; die Seele bleibt sich letztlich selbst Geheimnis.

Die Erfahrung des Herzens als Erkenntnis- und Seinsgrund ist jedoch nur vorläufig, denn die Seele erkennt sich zugleich als endlich, und somit kann sie sich nicht selbst Grund sein. Folglich erkennt sie, dass ihr Herzensgrund nicht nur ihre Mitte ist, sondern dass sie im Herzen bereits über sich hinaus ist. Das Herz ist als Mitte der Seele zugleich Wohnstätte und damit Tempel Gottes, Wohnort Christi, der die bekannten Wohnstätten Gottes übersteigt. So schreibt etwa Gertrud: „Ich danke Dir, Du hast Dir in meinem Herzen eine Wohnung geschaffen, solches habe ich weder von *Salomons Tempel* ... noch vom *Gastmahl des Ahasver* ... gelesen oder gehört."[51]

Gott wohnt im Herzensgrund der Menschen. Gott hat sich und seine Liebe, sein „fließendes Licht", in das menschliche Herz eingegossen,[52] und so ist er im Inneren der Seele präsent, wie Mechthild von Hackeborn ausführt: „‚Wo du bist, da bin ich.' ... wo immer der Mensch ist, bin auch ich gegenwärtig und bei ihm."[53] Mechthild von Magdeburg spricht auch von einem kleinen Funken, der in die Seele fliegt und sie zum Brennen bringt.[54] Damit identifiziert sie den Herzensgrund mit einem Seelenfunken – eine Identifikation, die sich später in Meister Eckharts Identifikation des

Seelengrundes mit dem „vünkelin" der Seele wieder findet. Genau besehen ist es Christus, der sich in der Seele begräbt,[55] der ihr inniger ist als ihr Innerstes und doch unendlich erhaben, so er von der Seele nicht berührt werden kann.[56] Christus erleuchtet und führt die Seele, wohnt ihr ein als „innerer Lehrer".

Im Herzen der Seele vollzieht sich die mystische Einung zwischen einwohnendem Gott bzw. Christus und der Seele, die in ihren Grund, in ihr Herz einkehrt. Wer sich reflexiv in seinen aller Reflexion vorgängigen Herzensgrund hineinversenkt, versenkt sich damit zugleich in die grundlose Gottheit, die Grund der Seele ist. Erkannt wird jener grundlose Grund im intuitiven Erkennen seiner selbst. Die beiden „Herzensaugen" bzw. „Seelenaugen" Liebe und Erkenntnis sehen Gott im Schauen des Herzensgrundes, und da der im Herzensgrund wohnende Gott letztendlich als „innerer Lehrer" die Erkenntnis erleuchtet, ist Gott das eigentliche Auge der Seele – insbesondere nach dem Tod –, und nicht nur das: Er durchdringt alle Sinne, wie Mechthild von Hackeborn schreibt:

> „Gott ist auch das Gehör der Seele, durch welches sie hört seine süß liebende Rede, mit der er weit über jede mütterliche Liebe die Seele liebkoset und durch welches die Seele den Einklang Gottes und aller Heiligen vernimmt. Gott ist auch der Odem der Seele, in welchem er sie lebendig machende und himmlische Lust atmen lässt, das ist, sich selber, welcher alles Wohlgeruches Lieblichkeit übertrifft, durch und in welchem allein die Seele lebendig erhalten wird. Gott ist auch der Geschmack der Seele, mit dem er die Süßigkeit seiner selbst in der Seele offenbart. Gott ist Stimme und Zunge der Seele, weil er selbst in ihr und für sie auf das Vollkommenste und Erhabenste lobt. Gott ist auch Herz der Seele, da er sie er-

freut und froh macht und fortan seine Wonne in derselben und mit derselben in süßestem Ergötzen genießt. Es ist Gott von dann wahrhaft das Leben der Seele, so dass Alles, was die Seele wirkt, Gott in ihr vollbringt, und Gott ihr sein wird ‚Alles in Allem‘.“[57]

Die Lehre vom Herzensgrund der Seele weist deutliche Parallelen zu entsprechenden Überlegungen in der spekulativen Mystik Margeruite Porêtes oder Teresa von Avilas auf: Auch dort findet die *unio* im Innersten der Seele statt – statt der Herzmetapher wählen jedoch sowohl Margeruite als auch Teresa Ortsmetaphern: Sie sprechen von der Klausur bzw. der inneren Burg der Seele, in der Gott wohnt. Auf höchstem systematischem Niveau, in Verbindung mit scholastischer Spekulation, hat Meister Eckhart den Gedanken der *unio mystica* im Grund der Seele entfaltet. Der Seelengrund ist bei Eckhart eine Kraft, ein Etwas in der Seele, aus dem alle Kräfte der Seele, d. h. alle Teile, alle Vermögen der Seele wie etwa Verstand und Wille aller erst entspringen; der Grund der Seele gründet allererst die Vermögen der Seele. Eckhart setzt dieses „Etwas“ mit dem *abditum mentis* (Verborgenes des Geistes) gleich, von dem Augustinus spricht, weil es oberhalb der Seelenkräfte liegt und deshalb unaussprechlich, verborgen, geheimnishaft ist: „… dass etwas in der Seele ist, das gar heimlich und verborgen ist und weit oberhalb dessen, wo die Kräfte Vernunft und Wille ausbrechen. Sankt Augustinus sagt: Wie das, wo der Sohn aus dem Vater ausbricht im ersten Ausbruch, unaussprechlich ist, so auch gibt es etwas gar Heimliches oberhalb des ersten Ausbruchs, in dem Vernunft und Wille ausbrechen.“[58] Hier, im Obersten in der Seele,[59] das zugleich der Grund der Seele ist und ihr nicht mehr als Teil angehört, vollzieht sich die unmittelbare, intuitive, intellektuelle Schau Gottes: „Die Seele aber tritt in ihrem natürlichen ‚Erkenntnis-Licht‘ in ihrem

Höchsten [= im Seelenfunken] über Zeit und Raum hinaus in die Gleichheit mit dem Licht des Engels und wirkt mit ihm erkennend in dem Himmel."[60] Die Seele geht in ihrem obersten Teile über sich hinaus in ihren Grund. Der Seelengrund ist so zugleich Möglichkeitsbedingung und Vollzug nichtdiskursiver, präreflexiver Erkenntnis, die im Grund gegeben ist und sich allenfalls diskursiv nachvollziehen, nach- und durchdenken lässt.

Wie fasst Eckhart aber den Seelengrund genau? Eckhart bezeichnet den Seelengrund, das „Etwas in der Seele", mit vielen Metaphern wie z. B. Burg, Fünklein, Hut des Geistes, Kraft im Geiste, Licht des Geistes. Als Kraft *in* der Seele, nicht Kraft der Seele, ist der Seelengrund für Eckhart zeit- und ort- bzw. raumlos, berührt weder Zeit noch Fleisch, „ist ganz und gar geistig". Das heißt: Der Seelengrund ist im eigentlichen Sinne kein Ort, keine Stätte, an der sich Erkenntnis vollzieht, obgleich wir auf solche Formulierungen zurückgreifen müssen, um uns die erkenntnistheoretische Funktion des Grundes verdeutlichen zu können. Der Grund ist überhaupt kein Seiendes im Sinne eines Dings oder einer Sache, „weder dies noch das", eben weil er zeit- und ortlos ist. Dennoch aber ist der Grund der Seele mehr als lediglich erkenntnistheoretische Möglichkeitsbedingung. Er ist auch Seinsgrund: Im Eingebären Gottes in den Grund der Seele gebiert Gott den Grund und darin zugleich den Ursprung des menschlichen Selbst und setzt so den einzelnen Menschen in sein Sein.

Für Eckhart ist nun der Seelengrund der „ortlose Ort" der Einwohnung Gottes, den Gott „ihm selbst gleich gebildet und geschaffen" hat. Doch der Seelengrund ist für Eckhart im Gegensatz zur Geschaffenheit der Seele als ebenso ungeschaffen und unerschaffbar wie Gott anzusehen, dem er gleicht. Seelengrund und Gott sind wesensgleich, sie sind identisch ihrem Sein und ihrer Substanz nach: „Hier ist Gottes Grund mein Grund und mein Grund Gottes Grund."[61]

Wie Gott ist der Seelengrund Eines, kein Seiendes, und zudem als „Nichts" des Seienden unnennbar und namenlos, denn er entzieht sich dem diskursiven Sprechen und Erkennen, das immer auf Seiendes bezogen ist. Ebenso ist er wie Gott völlig leer, frei von allen Bildern, Dingen, Formen. Schließlich ist er das „einig Eine" ebenso wie die einfaltige Gottheit als Grund der Dreifaltigkeit der göttlichen Personen. In diesen Grund kann die Seele, also das Selbst, mittels seiner Vermögen niemals „hineinlugen", weil er über alle Weise und Kräfte erhaben ist, umgekehrt kann Gott niemals in seiner Personalität in den Grund schauen, nur kraft seiner Gottheit gelangt er in den Grund der Seele, die mit dem Grund Gottes, der Gottheit, identisch ist:

> „Gott selbst wird niemals nur einen Augenblick da hinein-lugen und hat noch nie hineingelugt, soweit er in der Weise und ‚Eigenschaft' seiner Personen existiert ... Soll Gott je darein lugen, so muss es ihn alle seine göttlichen Namen kosten und seine personhafte Eigenheit; das muss er allzumal draußen lassen, soll er je darein lugen. Vielmehr, so wie er einfaltiges Eins ist, ohne alle Weise und Eigenheit, so ist er weder Vater noch Sohn noch Heiliger Geist in diesem Sinne und ist doch ein Etwas, das weder dies noch das ist."[62]

Die Einwohnung Gottes formuliert Eckhart im Rekurs auf die Tradition der Väter auch als Geburt Gottes im Grund der Seele, genauerhin als Geburt des Sohnes im Seelengrund. Damit wird die Metapher des Sich-Eingießens durch die Metapher des Eingebärens Gottes ersetzt. Die Seele empfängt Gott, der sich in sie hinein gebiert, zugleich aber gebiert sie Gott bzw. den Sohn, der sich in sie hinein sinken lässt, und dies immerwährend: „Denn der ewige Vater gebiert seinen ewigen Sohn in dieser Kraft ohne Unterlass so, dass diese Kraft den Sohn des Vaters und sich selbst als denselben Sohn in der einigen Kraft des Vaters mit gebiert."[63] Die Gottesgeburt ist also kein einmaliger Akt, sondern ein immerwährender Prozess, ein immerwährendes Geschehen zwischen Gott und Seele in deren Grund, welches auch als Aussprechen des göttlichen Wortes, das der Sohn ist, in den Grund der Seele bezeichnet werden kann. Jenes Sprechen ist identisch mit dem Setzen des Grundes. Der Vater gebiert im Eingebären des Sohnes bereits den Grund, er spricht im Aussprechen des Wortes den Grund, setzt also bereits im Gebären und Sprechen die Wirklichkeit des Grundes. Die Gottesgeburt im Grund der Seele lässt sich folglich auch als die Wirklichkeit konstituierender Sprechakt deuten – und umgekehrt die Sprachhandlung als Akt der Geburt im Sinne der Setzung neuer Wirklichkeit. Das göttliche Sein gebiert kein anderes Sein, sondern setzt aus seinem Sein ein „etwas", das ihm ganz und gar zugehört und dennoch als Geborenes, Gesprochenes, Gesetztes ein anderes ist als das Gebärende, Sprechende, Setzende.

Wie wird nun aber die mystische Einung genau konzipiert, die sich im Grund der Seele vollzieht? Während in eher affektiv ausgerichteten Traditionen wie etwa in der Frauenmystik oder in zisterziensischen und franziskanischen Traditionen die mystische Einung als Erfahrung Gottes in Minne und Passion und als Begegnung von Seele und Gott verstanden wird, in der sich beide vereinigen, dominieren in eher spekulativ orientierten Texten eher die intellektive Einung der Seele mit dem göttlichen Grund nicht als Vereinigung, sondern als Einung, als Einswerden.

Einung als Begegnung und als Einswerden

Im Kontext affektiver Mystiken bedeutet *unio* Gottesbegegnung: Die Einung von Seele und Gott ist eine Einheit in bleibender Zweiheit, eine Nähe, die Ferne zulässt und zulassen muss, um überhaupt Nähe und Einheit sein zu können, wie etwa Mechthild von Magdeburg schreibt: „Ich bin in dir, du bist in mir, wir können einander nicht näher sein, denn wir sind beide in eins geflossen und sind in eine Form gegossen und verbleiben so ewig unverdrossen."[64] Und Mechthild von Hackeborn findet folgende Formulierung für diese Einheit in Verschiedenheit: „Du in mir und ich in dir, und in Ewigkeit verlasse ich dich nicht."[65]

Wird die Einung als Begegnung zwischen Gott und Seele verstanden, in der die Gotteserfahrung dominiert, dann ist ein Verständnis von Einung bestimmend, das den prozessualen Charakter dieser Einung betont: Es handelt sich um einen mystischen Weg hin zu Gott, der auch als *excessus mentis* bzw. als *raptus* und als *ekstasis*, also als Herausgerissenwerden des Selbst aus sich und Emporgezogenwerden hin zu Gott verstanden wird. In diesem Sinne – und nur in diesem Sinne – wird die Einung auch als Zunichtewerden des Selbst bzw. der Seele interpretiert. Diese Einung findet im Herzen, also im Innersten des Menschen statt. Die Innerlichkeit der *unio* beschreiben Gertrud von Helfta und Mechthild von Hackeborn denn auch als Herzenstausch,[66] und in diesem Herzenstausch vereinigen sich Seele und Gott bzw. Christus, der die Seele in sich hineinzieht,[67] insbesondere in sein Herz:[68]

„Da leuchtet Aug in Auge,
und da fließt Geist in Geist,
und da greifet Hand zu Hand,
und da redet Mund zu Mund,
und da grüßet Herz zu Herz."[69]

Den Herzenstausch in der *unio* beschreibt Mechthild von Hackeborn auch als einen Akt wechselseitiger Anerkennung. Christus und die Seele sind sich jeweils Spiegel füreinander, und dieses symmetrische Anerkennungsverhältnis widerspricht einer Asymmetrie in der Beziehung zwischen minnendem Gott bzw. Christus und minnender Seele. In der Minne zumindest entsprechen sie einander, auch wenn von Gott quasi die Initiative, die Aktivität ausging:

„Steht dann meine Braut vor meinem Angesicht, so sieht sie sich in meinen Augen und ich mich in ihren Augen wie in einem Spiegel, und so betrachten wir uns gegenseitig mit vielem Wohlgefallen. Hierauf drücke ich sie in liebevollster Umarmung an mich, wobei ich mit meiner ganzen Gottheit so in sie ein- und übergehe, dass ich, wohin sie sich auch wenden mag, ganz in ihr zu sein scheine; andererseits ziehe ich sie so in mich ein, dass auch sie ganz herrlich in mir erscheint."[70]

Die Erkenntnis Gottes ist hier keine rein intellektuelle Erkenntnis, sondern eine Erkenntnis in Form eines besonderes Gefühls, nämlich des Gefühls der Liebe, der Minne: Erkennen ist minnen, und umgekehrt heißt minnen immer auch erkennen. Beide sind notwendigerweise aufeinander bezogen, denn wer liebt, muss das zu Liebende kennen, wie umgekehrt aus Wissen Liebe folgen muss: „Minne ohne Erkenntnis dünkt die weise Seele Finsternis. Erkenntnis ohne Genuss dünkt sie Höllenpein."[71] Die Minne kommt dabei der Seele notwendig zu, anders könnte sie gar keinen Bezug zu Gott herstellen, wie Mechthild von Magdeburg formuliert: „Sie muss minnen und muss minnen und kann anderes nicht beginnen."[72]

Dieses minnende Erfassen unterscheidet sich von reiner Verstandeserkenntnis, es ist ein intuitives und unmittelbares Schauen im Sinne eines Berührens und Spürens. Gleichwohl vollzieht sich auch in der Minne Erkenntnis, und damit ist für den mystischen Weg auf den Spuren der Minne auch die Vernunft von besonderer Bedeutung, wie etwa Hadewijch ausführt: „… keiner kann in der Minne vollkommen werden, der nicht seiner Vernunft untertan ist. Wer das ist, der liebt Gott um seiner hohen Würde willen; … Denn Gott hat dem Menschen die schöne Vernunft gegeben, die ihn auf allen Wegen lehrt und in allen Werken erleuchtet: wollte der

Mensch ihr folgen, so würde er nimmermehr betrogen."[73] Das minnende Erkennen ist offensichtlich Erkenntnis Gottes: Das Ich steigt zu Gott auf und schaut ihn in der *ekstasis* bzw. *unio*.

In affektiven Mystiken ist die Tradition eines stufenförmigen Aufstiegs zu Gott bedeutsam, die Seele durchläuft sieben Stufen bzw. Stadien des Weges zu Gott, und diese sieben Stufen werden auch als sieben verschiedene Grade bzw. Intensitäten der Liebe bezeichnet. Diese Tradition begegnet z.B. in Beatrijs van Nazareths Schrift „Seven manieren van minne": „Sieben Arten gibt es von Minne, die aus dem Höchsten kommen und wieder zu dem Obersten zurückkehren."[74] Beatrijs unterscheidet dabei folgende Aspekte der Minne: „Die erste Art ist ein Verlangen, das wirkend aus der Minne kommt, und lange im Herzen herrschen muss, ehe es alle Widerstände überwinden und mit Kraft und Klugheit ans Werk gehen und unerschrocken in diesem Wesen wachsen kann."[75] Der zweite Aspekt bzw. Grad der Minne ist ihre Selbstlosigkeit, ihr Dienst und ihre Maßlosigkeit, die dritte *maniere* ist der Minnedienst, der Leid und Schmerzen hervorrufen kann insofern, als es Leid hervorrufen kann, der Minne nicht genüge tun zu können. Sie führt zu Stufe 4: dem Glück und der höchsten Seligkeit, die die Minne auslösen kann: „Das eine Mal geschieht es, dass die Minne süß und sacht in der Seele erweckt wird, sich frohgemut erhebt und das Herz erfüllt ohne alles Zutun von menschlicher Seite. Dann wird das Herz so verlangend in Minne gezogen, so sanft von Minne bezwungen, so lieblich von Minne umarmt und so stark von Minne umfangen, dass es ganz von der Minne in Besitz genommen wird."[76]

Durch die Minne wird die Seele in den „Abgrund der Gottheit" gezogen und damit in die Einung mit Gott. Die Kehrseite dieser 4. Stufe ist die fünfte *maniere*: die Verwundung durch die Gewalt der Minne. Beatrijs spricht von der Minnewunde, dem Minnefeuer und dem Minnepfeil, der die Seele ins Mark trifft. Im Durchgang durch die Aspekte 1–5 gelangt die Seele auf Stufe 6: Dort ist sie Bild Gottes und hat ihren Adel und ihre Hoheit erreicht und sich somit vervollkommnet: „Das ist die Freiheit des Gewissens, die Wonne des Herzens, der Friede der Sinne, der Adel der Seele, die Hoheit des Geistes und ein Beginn des ewigen Lebens."[77] Genau darin ist die Seele zu dem zurückkehrt, woher sie stammt – zur Gottheit. Was aber ist dann noch die siebte *maniere*? Nichts anderes als die *ekstasis* als Vorgeschmack der ewigen Seligkeit, als Antizipation des Eschaton und der ewigen Schau Gottes.

Die Minne ist jedoch nicht nur Weg zu Gott, sie wird vielmehr in der Gottesbegegnung selbst erfahren. Denn diese Begegnung vollzieht sich in Minne und ist zugleich eine Beziehung der Minne zur Minne, die Gott selbst ist: „Wenn du aber minnest, werden wir beide eins, und wenn wir zwei eins sind, vermag uns nichts mehr zu scheiden."[78] Sein bei Gott ist also identisch mit einem minnenden Beieinandersein. Letztlich ist die Seele in der *unio* selbst zur Minne und damit zu einem Teil Gottes geworden, wie etwa Hadewijch ausführt: „Bringst du aber auf allen Wegen der vollen Minne dich selbst als reinen Menschen in mich hinein, so sollst du mich genießen, der ich Minne bin. Bis zu diesem Tage sollst du alles lieben, was ich als Minne bin; dann aber sollst du selbst Minne sein, so wie ich Minne bin."[79] Und so kommt Hadewijch zu dem Schluss: „Minne ist alles!"[80]

Die Minne und mit ihr die sich in der Einung im Herzen vollziehende Erkenntnis Gottes haben eine klar erotische Ausrichtung. Die *unio* wird als „heilige Hochzeit", als sexuelle Vereinigung konzipiert, die im Herzen stattfindet, wie etwa Gertrud von Helfta beschreibt:

„Es kamen zwei edle Fürsten vom Rang der Cherubim, sie umgaben die Seele und führten sie zum Sohn Gottes. Dieser nahm sie liebevoll auf, und unter zärtlichen Umarmungen drückte er sie an sein göttliches Herz. Und mit

Verlangen zog sie in sich alles Glück, das je ein Mensch in menschlicher Umarmung gefühlt hat. Beim ersten *Christe eleison* goss sie dieses Glück aus ihrem Herzen in das göttliche Herz, seinen Ursprung, zurück, aus dem alle Freude und alles Glück jeglicher Kreatur ausgeht. Dies geschieht durch ein wundersames Einfließen Gottes in die Seele und durch Zurückfließen der Seele in Gott. Und bei den einzelnen absteigenden Noten floss die Seele mit all ihrer Freude zurück zu Gott. Beim zweiten *Christe eleison* zog die Seele in sich alle Freude, die je ein Mensch durch Küssen erfahren hat, und sie brachte ihrem einzigen Geliebten im zärtlichen Kuss – sie küsste ihn innig auf den Mund – diese Freude dar. Beim dritten *Christe eleison* breitete der Sohn Gottes seine Hände aus, und er vereinigte alle Frucht seines heiligsten Lebenswandels mit den Werken ihrer Seele."[81]

Diese Dimension des Erotischen hat in der mystischen Tradition affektiver Ausrichtung ein Gewicht, das in einer zum Teil äußerst leib- und erotikfeindlich ausgerichteten Theologie undenkbar erschienen war. In Gertrud von Helftas mystischem Werk „Gesandter der göttlichen Liebe" z. B. wird das Erkennen Gottes etwa mit einem Genießen Gottes in der Verzückung des Geistes beschrieben, und die mystische Einung wird in kühn anmutenden erotischen Bildern zum Ausdruck gebracht:

„Sie nahm das Kruzifix, umarmte es und küsste es zärtlich und streichelte es. Nach einer Weile, ihr Herz war von dem langen Wachen ermattet, legte sie das Kreuz nieder und sprach: ‚Ruh' wohl, mein Geliebter, gute Nacht. Lass' auch mich schlafen, ich muss die Kräfte wiedererlangen, ich habe sie in der Betrachtung mit Dir fast ganz verbraucht.' Sie sagte dies, wandte sich von dem

Bild ab und wollte schlafen. Als sie so ruhte, streckte der Herr seine Rechte vom Kreuz nach ihr aus, als wolle er sie umarmen, und sein rosenfarbener Mund flüsterte ihr sanft ins Ohr: ‚Höre, meine Geliebte, ich werde dir ein Hochzeitslied, ein Liebeslied singen.' ... Und der Herr, der niemals fern und denen, die ihn lieben, immer nahe ist, nahm sie in den Arm und wärmte sie; aus seiner heiligen Seitenwunde bereitete er ihr köstliche Speisung."[82]

Ebenso fasst Mechthild von Magdeburg die *unio* als einen erotischen Akt auf, der alle Sinne umfasst. In besonderer Weise gelingt es der Magdeburgerin in enger Anlehnung sowohl an die biblische Hoheliedtradition als auch an die Minnelyrik, die Intensität der Beziehung von Seele und Gott in der Intensität erotischer Bilder zu beschreiben. So lobt etwa die Seele Gott:

„O du gießender Gott in deiner Gabe!
O du fließender Gott in deiner Minne!
O du brennender Gott in deiner Sehnsucht!
O du schmelzender Gott in deiner Einung mit deinem Lieb!
...
Ohne dich kann ich nicht mehr sein."

Entsprechend antwortet Gott:

„Du bist mein überaus sanftes Lagerkissen,
mein innigstes Minnebett,
meine heimlichste Ruhe,
meine tiefste Sehnsucht,
meine höchste Herrlichkeit.
Du bist eine Lust meiner Gottheit,
ein Durst meiner Menschheit,
ein Bach meiner Hitze."[83]

Wie sehr die *unio* zwischen Gott und Seele für Mechthild einer sexuellen Vereinigung gleichkommt, zeigt sich auch in folgendem Dialog zwischen Gott und Seele, die von Gott im „Minnebett" geradezu zur Einung verführt wird:

„Nun geht die Allerliebste zu dem Allerschönsten in die verborgenen Kammern der unsichtbaren Gottheit. Dort findet sie der Minne Bett und Gelass und Gott übermenschlich bereit.

Da spricht unser Herr:
‚Haltet an, Frau Seele!'
‚Was gebietest Du, Herr?'
‚Ihr sollt nackt sein!'
‚Herr, wie soll mir dann geschehen?'
‚Frau Seele, Ihr seid so sehr in mich hineingestaltet,
dass zwischen Euch und mir nichts sein kann.
Es ward kein Engel je so geehrt,
dem das wurde eine Stunde gewährt,
was Euch von Ewigkeit ist gegeben.
Darum sollt Ihr von Euch legen
beides, Furcht und Scham
und alle äußeren Tugenden.
Nur die, die von Natur in Euch leben,
sollt Ihr immerdar pflegen.
…'

‚Herr, nun bin ich eine nackte Seele,
und Du in Dir selber ein reich geschmückter Gott.
Unser zweier Gemeinschaft
ist ewiges Leben ohne Tod.'

Da geschieht eine selige Stille,
und es wird ihrer beider Wille.
Er gibt sich ihr, und sie gibt sich ihm.

> Was ihr nun geschieht, das weiß sie,
> und damit tröste ich mich.
> Aber dies kann nie lange sein.
>
> Denn wo zwei Geliebte verborgen sich sehen,
> müssen sie oft abschiedslos voneinander gehen."[84]

Dieser Dialog ist allerdings nicht nur ein Beleg für die Intensität, mit der Mechthild dem *eros* der Beziehung zwischen Seele und Gott Ausdruck verleiht; Motive wie Freiheit der Seele (,nun bin ich eine nackte Seele'), Würde der Seele (,es ward kein Engel je so geehrt'), Innigkeit des Seele-Gott-Verhältnisses, Momentcharakter der *unio* (,Aber dies kann nie lange sein'), Gottesentfremdung und Abschied werden angesprochen. Die Nacktheit der Seele etwa meint die Freiheit der Seele, die sich in der Selbstreflexion von allen Abhängigkeiten löst, seien es äußere Dinge, seien es auf bloßer Konvention und Autorität hin angenommene Tugenden. Diese Nacktheit ist Bedingung für die Vereinigung, die keine völlige Identität ist, sondern ein wechselseitiges Verhältnis einer Identität in Differenz (,Er gibt sich ihr, und sie gibt sich ihm').

Minnendes Erkennen ist allerdings nicht nur Voraussetzung und Vollzugsform der *unio*, sie ist auch deren Resultat, denn in der Einheitserfahrung kann die Seele Gott wahrhaft erkennen und umso inniger lieben. Ebenso erfährt die Seele in der *unio* eine neue Form der Identität. Im Zunichtewerden der Seele findet diese noch mehr zu sich selbst, erlangt eine größere Reife im Wachsen der Liebe. Auch dieser Aspekt der *unio* ist klar erotisch zu verstehen:

> „Die Braut ward trunken beim Anblick des edlen Antlitzes.
> In der größten Stärke kommt sie sich selbst abhanden.
> Im schönsten Licht ist sie blind in sich selbst.

In der größten Blindheit sieht sie am allerklarsten.
In der größten Klarheit ist sie beides, tot und lebendig.
Je länger sie tot ist, umso seliger lebt sie.
Je seliger sie lebt, umso mehr erfährt sie.
Je geringer sie wird, umso mehr fließt ihr zu.

...

Je tiefer sie (in Gott) wohnt, umso aufnahmefähiger
wird sie.
(Je mehr sie begehrt), umso verlangender wird sie.
Je tiefer ihre Wunden werden, umso heftiger stürmt sie.
Je zärtlicher Gott gegen sie ist, umso höher wird sie
entrückt.
Je schöner sie vom Anblick Gottes aufleuchtet, umso
näher kommt sie ihm.
Je mehr sie sich müht, umso sanfter ruht sie.
(Je mehr sie empfängt), umso mehr erfasst sie.
Je stiller sie schweigt, umso lauter ruft sie.
(Je schwächer sie wird), umso größere Wunder wirkt sie
mit seiner Kraft nach ihrer Macht.
Je mehr seine Lust wächst, umso schöner wird ihre
Hochzeit.
Je enger das Minnebett wird, umso inniger wird die
Umarmung.
Je süßer das Mundküssen, umso inniger das Anschauen.
Je schmerzlicher sie scheiden, umso reichlicher gewährt
er ihr.
Je mehr sie verzehrt, umso mehr hat sie.
Je demütiger sie Abschied nimmt, umso eher kommt er
wieder.
Je heißer sie bleibt, umso rascher schlägt sie Funken.
Je mehr sie brennt, umso schöner leuchtet sie.
Je mehr sich Gottes Lob verbreitet, umso größer bleibt
ihr Verlangen."[85]

Trotz der Unmittelbarkeit dieser Gotteserkenntnis ist sie jedoch nicht vollkommen, im Gegenteil: Die schauende, berührende Einung zwischen Seele und Gott ist moment-haft, kaum ist sie geschehen, ist sie auch schon wieder vorbei. Dem Aufstieg und der Einung folgt unweigerlich der Abstieg, das Sinken, die Entfremdung und Trauer um den Verlust. Erst nach dem Tod kann die *unio* vollkommen und ewig sein. Damit ist das minnende Erkennen der *unio mystica* eingespannt in ein Wechselspiel von Gegenwart und Entzug. Mechthild von Magdeburg spricht denn auch vom Schmerz der Rückkehr der Seele aus der *unio*, von einem Herabsinken der Seele bis zur niedrigsten Stätte, bis in die tiefste Tiefe, in den Schmerz eines langen Wartens, in Nie-dergeschlagenheit und Trauer. Dieses Herabsinken bezeich-net Mechthild auch als Gottesentfremdung, in der sich im Zurückgeworfenwerden und in der Trauer um den Verlust der Einungserfahrung wiederum eine Erfahrung von End-lichkeit vollzieht:

> „Wenn dem Menschen Gott fremd wird, dann sucht er unsern Herrn und Gott und spricht:
> ,Herr, meine Pein ist tiefer als der Abgrund,
> mein Herzeleid ist weiter als die Welt,
> meine Furcht ist größer als die Berge,
> meine Sehnsucht reicht höher als die Sterne.
> In diesen Dingen kann ich dich nirgends finden.'"[86]

Genau an diesem Punkt wird im Übrigen deutlich, dass die affektive Mystik nicht nur Liebesmystik ist: Verbindet sich zwar Erkenntnis in erster Linie mit dem Gefühl der Liebe und wird Erkenntnis von der Minne angeführt, so hat doch auch das Gefühl des Leidens einen hohen Stellenwert für das Erkennen. Die Erfahrung des Schmerzes gilt einerseits als Erfahrung und Zeichen der Freiheit wie auch der Erwählung der Seele: „Wenn es eintritt, dass der Körper von irgendeinem Leiden gequält wird, empfängt die Seele durch das Leiden gleichsam einen Schimmer Sonnenlicht und einen Hauch Luft, und die Seele wird auf wunderbare Weise erhellt; sie atmet freier. Und je schwerer und drückender das Leiden, desto größere Befreiung erfährt die Seele."[87] Andererseits ist die Schmerzerfahrung Ort der Erinnerung und darin zugleich auch Wiederholung, Übernahme und Nachfolge der Passion Jesu, wie schon die Passion Jesu stellvertretende Übernahme der Leiden und Schmerzen der Menschen war. In erinnernder Nachfolge des Leidens, in „memoria passionis", trägt die leidende Seele jedoch nicht allein das Kreuz Christi, sondern sie vollzieht zugleich ihr eigenes, qua Menschsein übereignetes Leiden nach. Damit erkennt sie sich erneut als endlich, und damit wird das Leiden zu einer herausragenden Gestalt der Selbsterkenntnis. Diese Erfahrung des Leidens kann sich im Übrigen auch und gerade in der Liebe ereignen, ist doch die Minne ein Gefühl der Ambivalenz, der Lust und des Verlustes, des Genusses und der Verlassenheit, des Sinkens und der Gottesentfremdung, der Intensität des Verlangens, das gerade in jener Intensität in Gewalt umschlagen kann. Diese Gewalt der Liebe kommt auch in den Sieben Stufen der Liebe der Beatrijs van Nazareth zum Ausdruck, die von der unbefriedigenden Sehnsucht nach vollkommener Einung spricht und dem Leid darüber, diese zu Lebzeiten niemals erlangen zu können; ebenso spricht sie von der Gewalt der Liebe, die das Herz zerreißt, die ohne Maß wütet und alles ergreift und verzehrt.

Denken eher affektiv ausgerichtete Ansätze die *unio mystica* als Begegnung mit Gott in der Minne, so dominiert in eher spekulativen Mystiken das Verständnis der *unio* im Sinne der Einung im Intellekt. Für Eckhart beispielsweise sind Selbst- wie Gotteserkenntnis im Gegensatz zur sinnlichen Erkenntnis der Dinge Weisen eines bildlosen Erkennens, was deren Unaussprechlichkeit impliziert, da Sprache immer schon vermittelt ist, um etwas bezeichnen und aussprechen zu können. Die vorreflexive Intuition als umfassende Erkenntnis des „Ganzen" (von Selbst, Welt und Gott) ist dann zwar einerseits eine Erkenntnis des Absoluten und als solche absolute Erkenntnis, in ihrer Präreflexivität und Unvermitteltheit jedoch zugleich unaussprechlich und damit niemals gänzlich präsentierbar, verfügbar, schon gar nicht begrifflich erfassbar und solcherart beherrschbar und begrenzbar. Diese Erkenntnis besitzt in ihrer Unverfüglichkeit „Rätselcharakter", sie steht in der Spannung zwischen Anwesenheit und Abwesenheit, Unvermitteltheit und Entzug, Absolutheit und Kontingenz: Sie ist mir immer schon vorreflexiv gegeben, zugleich meinem Reflexionsvermögen als Nachvollzug aufgegeben, und dennoch niemals gänzlich auf den Begriff und in Sprache zu bringen: „Anfangs, wenn ein Wort *in meiner Vernunft empfangen* wird, so ist es da so lauter und so subtil, dass es ein *wahres* Wort ist, ehe es in meinem Gedanken vorgestellt wird. Drittens wird es äußerlich mit dem Munde *[aus]gesprochen*, und so ist es [dann] nichts als ein Offenbarmachen des *inneren* Wortes."[88] Diese Erkenntnis ist daher als Intuition eine Art „intellektuelle Anschauung" jenseits konkreter Erfahrungen, jenseits konkreter Gefühle oder Affekte wie Liebe, Lust oder Schmerz, und vor allem ein bildloses Erkennen, folglich eine Erkenntnis ohne Visionen.

Dennoch findet sich auch in spekulativen Traditionen die Beschreibung der *unio* als Prozess, als Weg der Seele durch verschiedene Aspekte der Gefühle, insbesondere der Liebe hindurch, so etwa bei Margeruite Porête und Teresa von Avila oder bei den Eckhart-Schülern Heinrich Seuse und Johannes Tauler. Ebenso wird die intellektive Erkenntnis Gottes als ein besonderes Gewahren und Spüren gekennzeichnet, erhält also durchaus die Dimension eines Gefühls. Diese Kennzeichnung sprengt den Gegensatz zwischen affektivem Erfahren und spekulativem Erkennen Gottes auf.

Heinrich Seuse z. B. übernimmt Eckharts Lehre vom Seelengrund und der Gelassenheit: Der Seelengrund in seiner Zeit- und Ortlosigkeit und seiner Verborgenheit ist der „Ort" der *unio*;[89] das „Stehen in sich selbst" gilt Seuse als Bedingung des *raptus*,[90] was auch innere Sammlung, Einkehr in sich, Selbstreflexion in der „Seelenburg" mit einschließt.[91] Seuse unterscheidet sich allerdings in der Bestimmung der mystischen Schau von Eckhart und nähert sich dabei wieder der affektiven Mystik an: Die Schau als Erkenntnis Gottes im Durchgang durch die Selbsterkenntnis charakterisiert Seuse zwar wie Eckhart als unmittelbares, bildloses Erkennen, dem die Reflexion erst nachfolgt,[92] allerdings beschreibt er sie im Gegensatz zu Eckhart als liebendes Geschehen. Seuse folgt hier der traditionellen Lehre von der Verbindung von Liebe und Erkenntnis unter dem Primat der Liebe und nicht unter dem von Eckhart vertretenen Primat des Intellekts.[93] Dabei greift er auch auf die Herzmetapher zurück, um die Begegnung von liebend-schauender Seele und Gott zu beschreiben:

„Eines Tages war ihm, wie wenn das Herz des (himmlischen) Vaters in geistlicher Weise irgendwie – er konnte es nicht in Worte fassen – ohne eine Scheidewand sich zärtlich an sein Herz neige und dies ebenso gegenüber dem väterlichen voll Begier sich aufgetan habe. Ihm dünkte, das väterliche Herz, die Ewige Weisheit, rede voll der Liebe und ohne (jegliches) Bild zu seinem Herzen. Er hub an und sprach voll des geistlichen Jubels: ‚Nun denn, du Liebe voll der Freude, so öffne ich dir mein Herz und in der schlichten Unverhülltheit alles Geschaffenen umfasse ich deine Gottheit ohne Bild und Form. Ach, du jegliche Liebe übertreffendes Lieb! Auch die größte Liebe eines in der Zeitlichkeit Liebenden zu seinem Lieb liegt in deren getrennter Unterscheidung. Du aber, alles Liebens unergründliche Fülle, du verfließest in das Herz des Liebenden, gießest dich aus in der Seele Wesen, du unverhülltes All im All, derart, dass auch kein einziger Teil des Geliebten draußen bleibt und nicht liebevoll mit dem Lieb vereinigt würde.'"[94]

Gott wird vom Menschen nicht nur erhört, sondern in der inneren Schau des Herzens, in der liebenden Begegnung im Herzensgrund erspürt: „Ich lasse mich heute von seinen geöffneten bloßen Armen umfangen in einer innigen Umarmung meines Herzens- und meines Seelengrundes und will von ihm weder lebend noch tot geschieden sein."[95] Damit stärkt Seuse den erotisch-emotionalen Aspekt, der bei Eckhart verloren zu gehen drohte und verknüpft die intuitive Erkenntnis Eckhartscher Provenienz mit *eros* und Affektivität.

Auch Johannes Tauler bezieht sich auf das Eckhartsche Motiv der Gottesgeburt im Seelengrund.[96] Der Seelengrund, in den der Mensch sich einkehren soll, ist die Zusammenfassung aller Seelenkräfte, also wie schon bei Eckhart nicht Teil, sondern Grund der Seelenvermögen.[97] Wie Eckhart betont Tauler die Zeit- und Ortlosigkeit des Grundes, ebenso dessen Einheit und Einfachheit.[98] Der Weg dorthin ist auch bei Tauler die Selbsterkenntnis und Selbstbetrachtung.[99] Die Erkenntnis des eigenen Grundes wird zur Möglichkeitsbedingung der Erkenntnis des göttlichen Abgrundes: „Entleere deinen Geist …, mache dich frei von unnützen Beschäftigungen … sollen wir je in Gottes Grund gelangen und in Gottes Innerstes, so müssen wir zuvor mindestens in unseren eigenen Grund und in unser Innerstes kommen, und das muss in lauterer Demut geschehen."[100] Im Gegensatz zu Eckhart konzipiert Tauler allerdings die Einkehr in den Grund als reine Passivität; Abgeschiedenheit und Gelassenheit im Sinne des Leerwerdens von allen Bildern ist ein bloßes Erleiden, und demgemäß ist auch die Einkehr und die Einung ein Erleiden.[101] Demut und Gehorsam, Unterwerfung unter den göttlichen Willen und Geduld sind daher Tauler zufolge die der Gelassenheit entsprechenden Tugenden[102], das Erleiden entspricht der Nachfolge der Passion Christi: „Beuge deinen stolzen Sinn unter (des Heilandes) Dornenkrone, und folge deinem gekreuzigten Gott mit unterworfenem Gemüt nach, in wahrer Selbstverkleinerung jeder Art und Weise, innen und außen, da dein großer Gott so zunichte geworden ist, von seinen (eigenen) Geschöpfen verurteilt und gekreuzigt worden ist und den Tod erlitten hast. Auf solche Weise sollst du dich geduldig leidend und in aller Demut seinem Leiden nachbilden und dich ihm einfügen."[103]

Tauler kennzeichnet die Selbst- und Gotteserkenntnis stärker als Eckhart als Gefühl, als form- und weiseloses inneres Gefühl der Gegenwart Gottes;[104] damit stellt er den Gefühlscharakter der intellektuellen Anschauung heraus. Er bezeichnet diese Erkenntnis denn auch als „… das allerinnigste, reinste, unverhüllteste, gewisseste Erkennen und Gewahrwerden des inwendigen Grundes …, wo sich das Reich Gottes befindet, das Empfinden des Wohnens und Wirkens Gottes in diesem Grunde, eine Erfahrung, die man mit Hilfe der Erkenntnis und der Liebe machen soll."[105] Diese Betonung des Gefühlscharakters intuitiver Erkenntnis ist ein eindeutiger Vorzug der Mystik Taulers gegenüber der an dieser Stelle eher zurückhaltenden, bisweilen auch zu abstrakten Konzeption Eckharts. Tauler macht überzeugend deutlich: Der Grund ist „Gemüt", welches gefühlsmäßig erkennt,[106] und damit durchaus dem Vermögen der Liebe und des Begehrens analog – jedoch nicht mit diesem identisch, ein Missverständnis, zu dem das Votum für den Primat der Liebe verleitet.

Neben Seuse und Tauler greift auch Margeruite Porête affektive Motive auf. Sie schreibt z. B. im Prolog zu ihrer mystischen Schrift „Miroir des simples âmes": „Es gibt sieben Seinsformen im adeligen Stand (des Geistes). Aus ihnen empfängt das Geschöpf sein Dasein, wenn es sich für alle bereitstellt, bis es zum vollkommenen Sein gelangt. Wie dies geschieht, wollen wir euch im Verlaufe dieses Buches sagen."[107] Margeruite verwendet also das traditionelle Aufstiegsschema, löst dieses jedoch aus dem Kontext der Minnemystik heraus: Nicht sieben Grade der Liebe durchläuft die Seele, sondern sieben Stände bzw. Seinsformen. Diese sind folgende:

(1) die der Sünde abgestorbene Seele;

(2) die den Räten des Evangeliums gemäß lebende Seele, die die Natur in sich abgetötet hat;

(3) die die Werke des geistigen Wollens und damit den Eigenwillen überwindende Seele. Diese überwindet auch das Tun guter Werke, die nur aus Eigenwillen und Eigenliebe heraus getan werden.

(4) Dies gilt auch für den vierten Stand: Dort überwindet die Seele alle äußeren Werke und den Gehorsam gegenüber anderen, also das Tun aufgrund eines Gebots einer von außen kommenden Autorität.

(5) Die Seele erkennt ihr eigenes Nichts gegenüber dem Sein Gottes und gibt damit ihren eigenen Willen zugunsten des göttlichen Willens auf. Die Seele fällt in ein Nichts, das nur im Vergleich zum Sein der Geschöpfe nichts ist. Genau besehen ist es Alles, nämlich das vollkommene Sein Gottes, gegenüber dem das Sein der Geschöpfe nichts ist.

(6) Der Stand der *unio* im eigentlichen Sinne, in der die Seele zum Spiegel, zum Bild Gottes geworden ist – jedoch so, dass Gott sich in ihr spiegelt und in ihr sein Bild erkennt. Genau darin vollzieht sich die Einung: im Bildsein der Seele und im Bildwerden Gottes in der Seele.

(7) Hier ist die Seele verherrlicht, glorifiziert. Sie befindet sich im Stand der höchsten Seligkeit. Dieser Stand kann erst nach dem Tod erreicht werden.

Für Margeruite vollzieht sich die Einung in der „Klausur" der Seele; in ihr begegnet sie dem so genannten *Loingprés*, dem Fernnahen, eine Metapher für den fernnahen Gott, der der Seele einwohnt und sich ihr schenkt: „Die Klausur vermag niemand aufzuschließen und zu entsiegeln, auch nicht zuzuschließen, wenn sie offen steht, es sei denn, der hochedle, zugleich ferne und nahe *Loingprés*. Er ganz allein trägt die Schlüssel, die kein anderer bei sich hat und auch nicht haben kann."[108] Gott ist hier einerseits der Ferne, weil der ganz Andere, die unaussprechliche Gottheit, andererseits aber der Nahe, weil der Seele innewohnend und eingegossen und damit eins mit ihr. Im „Miroir" wird also die Einung ganz klar als Einung im Innersten der Seele konzipiert, eine Einung, die Einkehr ist in die Klausur der Seele, und darin zugleich Ausgang der Seele aus sich heraus, Zunichtewerden der Seele. Margeruite spricht denn auch von der zernichteten Seele, der *âme adnientie*, die im Rückgang in ihren Grund und ihre Mitte von sich ablässt, um sich selbst zu finden, ihre eigene Identität, in der sie wiederum Gott entdeckt, den *Loingprés*, der der Grund der Seele ist. Die Seele lässt ab von ihren Kräften und Vermögen, lässt alle ihre Teile zurück, also Verstand, Willen, Gedächtnis, lässt alle äußeren Tugenden, lässt überhaupt alle Orientierung an äußeren Gütern, Autoritäten. Die Seele lässt auch die Minne als Seelenvermögen und Seelenkraft zurück! Im Ablassen von den Seelenkräften stößt die Seele auf ihren Grund, in ihr Zentrum, in ihre innerste Kammer. In der Einkehr in sich stößt somit die Seele auf den Grund ihrer selbst, und dieser Grund ist nichts anderes als der fernnahe Gott: nahe als Grund der Seele, fern als der ganz Andere, der absolute Grund von allem, dem sich alles – auch die Seele – verdankt.

Doch trotz der Konzeption der *unio* als Einung von Seele und Gott im göttlichen Grund der Seele, versteht Margeruite die *unio* anders als Eckhart auch und vor allem als Begegnung mit Gott, als Begegnung mit dem göttlichen Geliebten, und damit als Einheit in der Differenz von liebendem Gott und geliebter Seele bzw. geliebtem Gott und liebender Seele. Zwar schwindet in der Einung die Minne als Seelenkraft, aber auch in der Einung vollzieht sich Minne und begegnet Minne: die Gottesminne, also die Liebe, die Gott selbst ist, der *Loingprés*, der die göttliche Liebe ist. Und in dieser Einung wird die Seele selbst zu dieser Gottesminne, die ihr Grund ist. Der Grund der Seele ist Minne, weil ihm die Minne selbst einwohnt – eine Minne, die mehr ist als ein Vermögen der Seele, eine Minne, die die Kräfte der Seele gründet, ermöglicht.

Die *unio* mit dem *Loingprés*, dem fernnahen Geliebten, hat eine erotische Komponente, denn es ist die Liebe, in der er der Seele entgegenkommt. Durch die Liebe reißt er die Seele in den höchsten Stand ihrer selbst und in die Einung mit ihm, der selbst die Liebe ist. Gott und Liebe sind eins: „Ich bin Gott, sagt *Amour*".[109] Wenn auch Margeruite keine affektive Liebes- bzw. Brautmystik kennt, so konzipiert sie also dennoch die Einung als Einheit in der Liebe: der Liebe zwischen dem *Loingprés*, dem geliebten Gott, und der liebenden Seele einerseits, aber auch als Einheit in der Liebe, die Gott selbst ist und die sich in die liebende Seele eingegossen hat. Aufgrund dieser Liebe vermag die Seele allererst zu lieben. Die der Seele einwohnende Liebe Gottes ist Voraussetzung der Liebe der Seele. Und genau in dieser Liebe, die in der Klausur der Seele wohnt, vollzieht sich die mystische Einung. Es handelt sich folglich um eine Mystik der Liebe, der Gefühle und der Leidenschaften ohne Liebes- oder Brautmystik bzw. ohne Schilderung brautmystischer Visionen.

Wie bei Margeruite Porête findet sich auch bei Teresa von Avila das Motiv der Einwohnung Gottes in der Seele: Teresa beschreibt in ihrem mystischen Werk „Die innere Burg" den Weg zur mystischen Einung als Durchgang durch verschiedene Kammern der Seele hinein in die innere Seelenburg, das Innerste der Seele. Der mystische Weg ist also auch hier weniger als Aufstieg denn als Abstieg und Einkehr ins Innerste der Seele gekennzeichnet. Dieses Innerste der Seele wird von Teresa – wie bei Margeruite Porête und bei Eckhart – nicht als Seelenkraft oder Seelenvermögen begriffen wie etwa die traditionellen Seelenkräfte Verstand, Wille, Gedächtnis, also nicht als Teil der Seele, sondern als das Innerste der Seele und darin zugleich als deren Grund – ein Grund, der die Seelenvermögen gründet und nicht mit ihnen identisch ist. In diesem Grund vollzieht sich die mystische Einung, nicht im Verstand, nicht im Willen oder dem Begehrensvermögen, nicht im Gedächtnis. Die Seelenkräfte vergleicht Teresa mit

verschiedenen Gemächern und Wohnungen des „Seelen-
hauses" bzw. der Seelenburg: „Denken wir uns …, dass diese
Burg … viele Wohnungen hat, von denen einige oben gele-
gen sind, andere unten und wieder andere seitwärts, und
dass sie ganz innen, in der Mitte all dieser Wohnungen, die
allerwichtigste birgt: jene, wo die tief geheimnisvollen Dinge
zwischen Gott und der Seele vor sich gehen."[110] In dieser
Mitte der Seele vollzieht sich die *unio* mit Gott und in dieser
Einung schwinden alle Seelenkräfte: „In der allerinnersten
Mitte, ganz unten, in einer Tiefe, die sie nicht beschreiben
kann, weil sie unwissend ist, fühlt sie in sich diese göttliche
Gesellschaft."[111]

Die Einung ist unaussprechlich, weil sie sich vor aller
Sprache, allem Denken, aller Reflexion vollzieht. Allerdings
vollzieht sie sich nicht in Visionen oder anderen ekstatischen
Erfahrungen – wie Margeruite ist Teresa keine affektive
Mystikerin –; im Gegenteil:

> „Auf eine andere Gefahr möchte ich noch euer Augen-
> merk lenken …, eine Gefahr, in die ich Menschen geraten
> sah, die dem Gebet ergeben waren, vor allem Frauen …
> Manche befinden sich nämlich wegen häufiger Bußübun-
> gen, Gebete und Nachtwachen und auch schon von
> Natur aus in einem Zustand körperlicher Schwäche …
> Und je mehr sie ihr Bewusstsein aufgeben, desto mehr
> geraten sie außer sich, weil ihr Körper immer kraftloser
> wird, und das erscheint ihnen in ihrem Hirn als Ver-
> zückung. Ich nenne es Verdummung; denn man verliert
> damit nur seine Zeit und vergeudet seine Gesundheit …,
> man ist weder bei Sinnen, noch fühlt man etwas Gött-
> liches. Durch Schlafen, Essen und Einschränkung der
> Bußübungen befreite man die genannte Person von sol-
> chen Anwandlungen, weil jemand da war, der sie durch-
> schaut hatte."[112]

Dennoch handelt es sich um eine Einung im Gefühl, in einem Spüren, Gewahren, einer Intuition. Und genau dies ist auch das besondere Kennzeichen der mystischen Erkenntnis. Teresa bezeichnet dieses Spüren auch als Schauen, aber – so sagt sie – nicht im Sinne eines bildhaften Schauens, nicht im Sinne einer Vision, sondern im Sinne einer intellektiven Schau: „… wenn ich auch sage, die Seele sehe, sieht sie doch nichts, weil es keine Vision ist, sondern eine rein intellektuelle Schau, wo sich ihr enthüllt, wie in Gott alle Dinge geschaut werden und wie er sie alle in sich birgt."[113] Und an anderer Stelle:

> „Dies ist keine Vision des Verstandes, sondern eine bildhafte Schau, die man mit den Augen der Seele viel besser aufnehmen kann, als wir hier mit denen des Körpers sehen; und ohne Worte werden da manche Dinge klar … Und ohne dass sie irgend etwas mit den Augen des Leibes oder der Seele sieht, gewahrt sie – in einer wunderbaren Einsicht, die ich nicht ausdrücken kann – das Gesagte und viele andere Dinge mehr, die nicht in Worte zu fassen sind."[114]

Die Erkenntnis Gottes in der *unio* ist eine des intuitiven Gewahrens jenseits des Verstandes, ein Gewahren, das nicht mehr begrifflich zu bestimmen und so gesehen unaussprechlich ist: „Wer es erlebt, wird es gewahren. Ich kann es nicht besser erklären."[115]

Hinsichtlich der Einung stellt sich nun allerdings die Frage, ob die Einung als Willenseinheit oder als Wesenseinheit mit Gott zu verstehen ist – eine Frage, die insbesondere für die Verhältnisbestimmung von Gott und Mensch bzw. Schöpfer und Geschöpf bedeutsam ist.

Willens- oder Wesenseinheit?

Was ist nun so brisant an der Frage, ob es sich bei der mystischen Einung um eine Einung mit Gott im Willen oder um eine Einung mit Gottes Wesen handelt? Konzipiere ich ein Verständnis der Einung im Sinne einer Willenseinheit, dann bleibt die Differenz zwischen Seele und Gott, Geschöpf und Schöpfer, bestehen – unbeschadet der Einheit im Willen beider. Die Seele wird zwar mit Gott vereint, wird diesem aber nicht gleich, sie wird nicht zu Gott. Anders bei der Wesenseinheit: Hier wird die Seele gleichsam „vergottet", in der Rückkehr zu Gott wird die Seele selbst zu Gott. Dabei könnte der Eindruck entstehen, dass es sich hier um einen Monismus und einen Pantheismus auch in der christlichen Mystik handelt: Gott ist der all-eine Grund von allem, ist Alles in allem, und die Seele kehrt in diesen all-einen Grund zurück und löst sich in ihm auf. Die Folge: Christliche Kernmotive wie das Bekenntnis zu einem personalen Gott, der in Freiheit die Welt geschaffen hat, der sich in Freiheit offenbart und der in Jesus von Nazaret Mensch geworden ist, oder die Schöpfungsdifferenz zwischen Schöpfer und Geschöpf werden ebenso undenkbar wie das Bekenntnis zur individuellen Unsterblichkeit des Menschen. Gegen Margeruite Porête und Meister Eckhart wurde der Vorwurf des Pantheismus erhoben, und sie wurden zu Häretikern erklärt, denn beide haben nicht nur eine Einheit im Willen, sondern auch eine Einheit im Sein von Gott und Seele vertreten.

Affektive Mystikerinnen und Mystiker gehen zumeist von einer Willenseinheit bzw. Willensgleichheit von Gott und Seele aus, nicht von einer Einheit im Sein – so auch Gertrud oder die beiden Mechthilden. Ein zentrales Bild für diese Einheit des Willens durch das Zunichtewerden der Seele in der Liebe ist das Eingießen von Wasser in Wein und das Vermischen beider. In Gott verliert sich zwar das Selbst, findet aber zugleich höchste Sicherheit. So schreibt etwa Mechthild von Hackeborn: „Und wiederholt sprach die Liebe zur Seele: ‚Gehe in die Freude deines Herrn!' Mit diesem Worte ward die Seele gänzlich in Gott gezogen, wie ein Wassertropfen in Wein gegossen, so dass die selige Seele, da sie in Gott einging, in ihr gleichsam zunichte ward."[116] Ebenso schreibt Mechthild von Magdeburg: „Wenn sich der hohe Fürst und die geringe Magd so innig umarmen und vereint sind wie Wasser und Wein, dann wird sie zunichte und kommt von sich selbst."[117] Damit verliert sich das Ich nicht gänzlich, sondern gewinnt eine besondere Form der Identität. Nicht Selbstverlust ist also das Ziel, sondern Selbstgewinn: „Du bist mein Spiegelberg, meine Augenweide, ein Verlust meiner selbst, ein Sturm meines Herzens, ein Fall und Untergang meiner Kraft, meine höchste Sicherheit."[118]

Die Anwesenheit Gottes im Menschen impliziert allerdings keineswegs eine Wesenseinheit von Gott und Mensch. Die Identität des Innersten des Menschen mit dem Tempel Gottes heißt ja auch nicht, dass Gott und Herzensgrund völlig identisch sind, auch wenn es bei der Magdeburgerin heißt: „Herr, himmlischer Vater, du bist mein Herz."[119] Denn sie nennt Gott auch der Seele Leib und Atem. Damit will sie die große Nähe und die höchste Möglichkeit an Gleichheit zwischen Gott und Seele zum Ausdruck bringen: Es gibt eine Einheit zwischen Gott und Mensch, und Gott ist des Menschen Grund. Aber dennoch gibt es eine Differenz zwischen beiden, ist doch das Herz Wohnort Gottes, aber als Wohnort eben nicht Gott gleich. Außerdem wird auch in Bezug auf die Einung im Herzen betont, dass es sich nicht um eine Wesenseinheit, sondern um eine Einheit des Geistes und des Willens handelt: „Und zugleich erfreute sich ihre Seele mit Gott, mit ihm im Geist innig vereint."[120] Dafür wird z. B. von Gertrud das Bild des Zusammenschmelzens zweier Elemente gewählt: „… indem sie in Demut und Vertrauen meinen Willen von einem anderen Menschen erforscht, hat sie ihren eigenen Willen so innig mit meinem göttlichen Willen vereinigt, wie Gold und Silber im Feuer zusammenfließen und zum kostbaren Electrum zusammengeschmolzen werden."[121]

Dabei bleibt jedoch die Differenz zwischen Schöpfer und Geschöpf gewahrt[122], die Seele wird Gott ähnlich in der Einung der Liebe; sie wird ihm ganz nahe, und doch wird sie nicht Gott, so wie auch zwei Menschen in der sexuellen „Einung" sich ganz einander nahe, in diesem Sinne eins geworden sind, ohne jedoch miteinander identisch zu sein: In der Nähe gibt es eine bleibende und unüberwindliche Differenz. Dementsprechend ist auch das „Zunichtewerden" der Seele in der Einigung zu verstehen: „Und je mehr sie, ihm anhangend, ihn lobte, desto mehr schwand sie in sich selbst zusammen und ward ganz zu Nichts. Wie schmelzendes Wachs am Feuer zerschmolz sie in sich selbst und ging in Gott über in seliger Vereinigung mit ihm und durch das Band unauflöslicher Vereinigung mit ihm verbunden."[123] Auch hier gilt: Das Zerschmelzen der Seele ist nicht im Sinne völliger Auflösung zu lesen, sondern im Sinne eines „Absterbens" des in sich selbst verschlossenen, um sich selbst kreisenden Ich, das sich nicht dem Anderen, sprich: Gott, öffnen kann und will, indem es dem Eigenwillen entsagt.[124] Jenes Zunichtewerden beginnt mit der Selbstreflexion, welche Ausgangspunkt der Öffnung auf Gott hin ist. Deshalb ist auch jene Selbstreflexion nicht mit einem isolationistischen Selbstbezug zu verwechseln, sondern gerade als eine die Beziehung zum Anderen hin ermöglichende wie auch vertiefende Erkenntnis seiner selbst, die umgekehrt auch durch die Begegnung mit Anderem angestoßen werden kann. Der präreflexive Herzensgrund allerdings geht auch in diesem Zunichtewerden der Seele nicht verloren, im Gegenteil: Sie stirbt ja gerade in jenen Herzensgrund hinein, in dem sie Gott begegnet. Damit bleiben auch in der *unio* Subjektivität und Individualität der Seele unzerstörbar.

Bei Hadewijch beispielsweise finden sich allerdings auch Textpassagen, die auf ein Verständnis der Einung nicht nur als Willenseinheit, sondern auch als Einheit im Sein schließen lassen: „Er verschlinge dich in sich selbst, wo die Tiefe seiner Weisheit ist: Da wird er dich lehren, was er ist; wie wunderbar süß ein Lieb im Anderen wohnt und so ganz durch das andere wohnt, dass keines von ihnen mehr sich selbst unterscheidet. Aber einander genießen sie beide Mund in Mund, Herz in Herz, Leib in Leib und Seele in Seele, indem eine göttliche Natur in Wonnen beide durchflutet, und beide ganz Eins in sich selbst: und Eins werden sie bleiben, ja bleiben."[125] Und an anderer Stelle: „... im Genusse der Minne ist man Gott geworden, mächtig und gerecht."[126]

Hadewijch konzipiert die Willenseinheit als Wesenseinheit: Wer den göttlichen Willen tut, wird eines Wesens mit Gott. Damit hebt sie die Differenz zwischen Willens- und Wesenseinheit auf: „... wenn die Seele zunichte wird und mit seinem Willen alles will, was er selbst will, und in ihm verschlungen und zunichte geworden ist: Dann ist er ganz von der Erde erhöht, dann zieht er alle Dinge an sich, und mit ihm wird sie dasselbe, was er ist."[127] Auch Margeruite Porête konzipiert die Einung nicht allein als Willenseinheit, sondern als Einheit im Sein: Der *Loingprés* hat sich der Seele in ihre geheimste Klausur eingegossen, und damit ist das Sein Gottes, welches Liebe ist, identisch mit dem Sein der Seelenklausur, welche ebenfalls Liebe ist. In dieser Liebe sind beide einander gleich. Die Seele ist in dieser Einheit vernichtet und frei und damit ohne eigene Seinsweise im Sinn eines geschöpflichen Seins: Sie hat das Sein Gottes angenommen.

Dass jedoch diese Konzeption der Einung als Wesenseinheit nicht pantheistisch missdeutet werden kann, wird bei Meister Eckhart deutlich, und dies in seiner Konzeption des Seelengrundes als Bild Gottes – einem Gedanken, der sich bereits bei Margeruite Porête findet, der dann aber von Eckhart im Rekurs auf scholastische Spekulationen weiter entfaltet wird.

Der Einheit von Grund und Gott entsprechend ist die *unio* bei Eckhart nicht nur als Willenseinheit zu verstehen und als Vereinigung im Sinne einer einigenden Begegnung von Gott und Seele, sondern als Wesenseinheit, als eine Einheit vor aller Vereinigung. Die Einung ist von Eckhart also zunächst als absolute Identität konzipiert, in der keine Zweiheit sein kann, da Zweiheit schon Mangel impliziert, Gott aber vollkommen ist: „So also können Zwei nicht miteinander bestehen, denn eines [davon] *muss* sein Sein verlieren."[128] Die *unio* vollzieht sich im Durchbruch des Selbst in seinen eigenen Grund, und wenn das Selbst in den Grund durchbricht, dann – und nur dann – gilt, „dass ich und Gott eins sind. Da bin ich, was ich war, und da nehme ich weder ab noch zu, denn ich bin da eine unbewegliche Ursache, die alle Dinge bewegt."[129] Dennoch folgt aus dieser Identität zum einen keine vollkommene Identität von göttlichem Grund und dem Grund der Seele, sondern eine Identität in Differenz, und zum anderen keine Gleichheit von Gott und Seele und somit von Gott und Mensch: Nur das „Bürglein in der Seele", nicht die Seele selbst und ihre Kräfte, ist Gott gleich: „Mit *dem* Teile [genauer: dem Grund. S. W.] ist die Seele Gott gleich und sonst nicht."[130]

Und weil die Seele dem Menschen als *forma corporis* wesentlich zugehört, sind auch Mensch und Gott nicht gleich. Der Mensch ist wie seine Seele geschaffen, also Geschöpf, Kreatur, und in dieser Hinsicht individuell Seiendes, „hoc aut hoc" (dies und das), und demgemäß endlich Seiendes. Anders als alle anderen Kreaturen trägt der Mensch jedoch ein ungeschaffenes Etwas in sich, den Grund des menschlichen Selbst, das Fünklein der Seele, das Gott gleicht. Wenn Eckhart also schreibt: „Gott und ich, wir sind *eins*. Durch das Erkennen nehme ich Gott in mich hinein; durch die Liebe hingegen gehe ich in Gott ein …",[131] dann ist nicht die Identität von Selbst und Gott intendiert, sondern die Identität des Ich, welches der Grund ist, und des göttlichen Ich. In der Identität von Seelengrund und Gott ist allerdings auch eine Differenz markiert, die in der Bezeichnung des Grundes als Bild Gottes zum Ausdruck kommt. Das „Bild göttlicher Natur", das die Seele aufgenommen hat und ihr eingedrückt ist, ist Gabe, Geschenk Gottes, der sich der Seele als Bild eingegossen hat. Demgemäß wurzelt das Bildsein des Menschen nicht in den drei Seelenvermögen Intellekt, Wille und Gedächtnis, in denen Augustinus noch das Bild Gottes als Bild der göttlichen Trinität bestimmt hatte, sondern jenseits der Seelenvermögen. Es ist „ein Ausdruck seiner selbst *ohne* Willen und *ohne* Erkenntnis".[132] Das heißt: Gott teilt sich im Bild, das der Grund ist, unvermittelt mit, ohne die Vermittlung des Willens oder des Denkens, aber auch ohne Vermittlung anderer, äußerlicher Bilder. In dieser Abkünftigkeit von Gott ist der Grund Bild Christi und damit Gottes.

Insofern der Grund das Bild Gottes ist, nicht aber die Vermögen Intellekt, Wille oder auch Gedächtnis, vollzieht sich das Bildsein auch nicht im Denken. Der Grund ist vielmehr im Vollzug der vorreflexiven Gewissheit Bild Gottes. Im vorreflexiven Erkennen gleicht der Grund dem göttlichen Intellekt, den er in dieser Gleichheit erfassen kann: „Vernunft blickt hinein und durchbricht alle Winkel der Gottheit und nimmt den Sohn im Herzen des Vaters und im [göttlichen] Grunde und setzt ihn in ihren Grund."[133]

In jenem Bildsein des Seelengrundes mit dem göttlichen Grund ist eine Identität beider ausgedrückt, eine Gleichheit, die mehr ist als ein Ähnlichkeitsverhältnis. Der ganze Mensch ist Bild Gottes, allerdings nur insofern er das Fünklein in sich trägt, das im eigentlichen Sinne Bild Gottes ist; dieses Bildsein unterscheidet den Menschen von allen anderen Geschöpfen, die nicht Bild (*imago*), sondern lediglich Gleichnis (*similitudo*) Gottes sind.

Doch das Bild, wiewohl ein Sein und dasselbe Sein mit Gott, steht in einem radikalen Abhängigkeitsverhältnis zum absoluten, d. h. göttlichen Sein, da es sein Sein diesem völlig verdankt und „nicht aus sich selbst noch ... für sich selbst"[134] ist. Das Bild hat kein eigenes Sein und ist demnach dem Sein nach mit dem Urbild identisch. Zugleich gibt es jedoch eine

66

Differenz zwischen absolutem Sein und endlichem, geliehenem, verdanktem Seienden, zwischen Schöpfer und Geschöpf, die sich jedoch nicht in einer Seinsdifferenz, sondern
in einer Differenz von Ursprung und Entsprungenem, von
Gebären und Geborenwerden bestimmt. Gleichzeitig verliert das Urbild im Bild nichts, es bleibt voll und ganz in ihm
enthalten. Im Bildsein fallen also Identität und Differenz zu
einer differenzierten Einheit bzw. Differenz in der Einheit
zusammen. Dieses Verhältnis der Identität in der Differenz
unterscheidet sich allerdings von einem Abbild-Urbild-Verhältnis oder einem Verhältnis bloßer Teilhabe platonischer
Provenienz, auch wenn Eckhart teilweise noch von „Abbild" spricht. Das Bild hat sein ganzes Sein und seine Natur
von Gott und trägt deshalb auch dieses Sein voll und ganz in
sich; Gottes Sein ist einerseits das Bild selbst, denn es kann,
so Eckhart, kein Bild ohne Gleichheit geben: „… was da ausgeht, das ist [dasselbe], was darinnen bleibt, und was darinnen bleibt, das ist [dasselbe], was da ausgeht."[135] Andererseits geht Gott weder im Bild auf, noch löst sich umgekehrt
das Bild in Gott auf; das Bild ist und bleibt Bild. Damit
bleibt die Eigenständigkeit dessen, das Bild ist, also des Seelengrundes, gewahrt. Zugleich bleibt Gott unaussprechlich,
unnennbar, namenlos wie der Grund, in dem er zur Erscheinung kommt.

Die Differenz zwischen dem Bild und dem, dessen Bild
es ist, wird im Übrigen auch dadurch markiert, dass eine
Differenz zwischen dem innertrinitarischen Bild des Vaters
besteht, das der Sohn ist, und dem Bild Gottes, das der
Seelengrund als Bild des Bildes, also als Bild des Sohnes
und der ganzen Dreifaltigkeit ist. Streng genommen ist der
Seelengrund Bild des Bildes des Vaters, also Bild des Sohnes.
Aufgrund seiner Identität mit dem göttlichen Sein jedoch –
wiewohl im radikalen Abhängigkeitsverhältnis immer eine
Identität in der Differenz – ist das Bild zugleich der Sohn
selbst: „Dieses Bild ist der Sohn des Vaters, und dieses Bild
bin ich selbst, und dieses Bild ist die [Weisheit]."[136] Auch

hier findet sich also das Modell der Identität in der Differenz, ein Modell, das im Übrigen der göttlichen Einheit in der Dreiheit entspricht; auch in dieser Hinsicht erweist sich der Grund als Bild Gottes.

Der Mensch ist also immer schon Bild Gottes, weil er den Seelengrund als das Bild des Sohnes in sich trägt und dementsprechend dieses Bild selbst ist. Dieses Bildsein jedoch ist kein statisches, unveränderliches Sein, sondern wie das Sein des Seelengrundes Ereignis, Vollzug. Damit kommt ihm eine prozessuale Dynamik zu; das Sein des Bildes ist gleichzeitig ein Werden und damit offen für Geschichtlichkeit. Zudem ist der Mensch als In-der-Welt-Sein kontingent und somit kein vollkommenes Bild. Es ist ihm jedoch aufgetragen, zum reinen und vollkommenen Bild Gottes zu werden, und dies geschieht in der *unio*. Das bedeutet: Der Mensch soll und muss das realisieren und nachvollziehen, was er eigentlich je schon ist gemäß dem Grundsatz „Werde, was du bist!" Das Bild kann deshalb realisiert werden, weil es selbst schon Vollzug ist; im Vollziehen des Bildwerdens ist das Bild schon, nämlich Ereignis, Sein im Werden. Zudem muss der Mensch zum Bild werden, damit sich Gott ins Bild setzen, zur Erscheinung kommen kann: ohne Bildwerden keine Gottesgeburt, umgekehrt jedoch auch ohne Gottesgeburt kein Bildwerden. Und ohne Gottesgeburt letztlich keine Schöpfung bzw. keine Vollkommenheit der Schöpfung, denn wenn sich Gott nicht gebären kann, dann bleibt notwendigerweise in der Welt ein Platz leer; Gott wäre nicht wirklich alles in allem, absolut, sondern das Sein wäre dem Nichts preisgegeben, wenn die Seele ihn nicht wieder gebiert in ihrem Grund: „Im gleichen Zuge, da er seinen eingeborenen Sohn in mich gebiert, gebäre ich ihn zurück in den Vater."[137]

Letztlich wäre Gott selbst nicht, da er vollkommen sein muss, um wirklich Gott, das absolute Sein, sein zu können. Folglich ist die Gottesgeburt sogar notwendig, damit Gott überhaupt ist; sein Sein hängt an der Möglichkeit der Geburt: „Der Vater gebiert seinen Sohn im ewigen Erkennen, und ganz so gebiert der Vater seinen Sohn in der Seele wie in seiner eigenen Natur, und er gebiert ihn der Seele zu Eigen, und sein Sein hängt daran, dass er in der Seele seinen Sohn gebäre, es sei ihm lieb oder leid."[138] Dazu gehört wesentlich die Geburt Gottes als Gebären seiner selbst. Denn das Sein Gottes ist nicht nur Erkennen, sondern als Erkennen auch Gebären, und würde er nicht gebären, dann wäre Gott letztlich gar nicht. Dementsprechend gebiert Gott notwendigerweise „in mich sein Ebenbild".[139]

Damit der Mensch aber zum Bild Gottes werden kann, muss er sich aller anderen Bilder entledigen, muss ihrer ledig werden, sich entbilden, entblößen, auch der eigenen Bilder, nicht nur der fremden. Denn diese Bilder verstellen das unmittelbare Bild Gottes im Grund: „Durch die Entblößung des Bildes im Menschen gleicht sich der Mensch Gott an, denn mit dem Bilde gleicht der Mensch dem Bilde Gottes, das Gott rein seiner Wesenheit nach ist. Und je mehr sich der Mensch entblößt, desto mehr gleicht er Gott, und je mehr er Gott gleicht, umso mehr wird er mit ihm vereint."[140] Diese Entbildung also führt zum Bildwerden, zur Einbildung und Überbildung des Menschen in die Gottförmigkeit und Einheit mit Gott. Aus der Bildlosigkeit, dem Zerbrechen der Bilder, aus dem Sprung aus den Repräsentationen und Abbildern, entspringt das unmittelbare Bild, das kein Abbild ist, das Bild Gottes: „Willst du die Natur unverhüllt finden, so müssen die Gleichnisse alle zerbrechen, und je weiter man eindringt, um so näher ist man dem Sein."[141]

Noch ein weiterer Aspekt macht deutlich, dass die Identität von Seelengrund und Gott bei Eckhart als ein Modell der Identität in der Differenz gedacht wird: Die Identität von Gott bzw. Christus und Seelengrund ist zwar einerseits eine Einheit im Sein und der Natur, aber andererseits gewährt Gott diese Einheit im Eingießen und Eingebären in die Seele. Insofern Gott sich in die Seele gebiert, gebiert er zugleich das Fünklein, den Grund. Gott gebiert in der Geburt des Sohnes zugleich den Seelengrund, der ungeschaffen, aber von Gott geboren ist. Darin aber zeigt sich eine Einheit in der Unterschiedenheit: Gott setzt sich selbst in die Seele als deren Grund, setzt sich als Grund, und dies ist die Einheit von Gott und Grund: „Wo der Vater seinen Sohn in mir gebiert, da bin ich derselbe Sohn und nicht ein anderer; wir sind wohl verschieden im Menschsein, dort aber bin ich derselbe Sohn und nicht ein anderer."[142] Aber insofern er sich *als* Grund setzt, setzt er ein Anderes seiner selbst aus sich heraus, gebiert er ein von ihm Unterschiedenes. In der Gabe des Geborenseins unterscheidet sich also der Grund von dem, mit dem er zugleich identisch ist. Auch dies markiert eine Differenz zwischen Gott und Seelengrund in bleibender Identität.

Dieses Geborensein unterscheidet sich jedoch vom Geschaffensein, deshalb ist der Seelengrund ungeschaffen und dennoch geboren. Geschaffensein schließt ein Ursache-Wirkung-Verhältnis mit ein: Das Schaffende ist Ursache des durch es bewirkten Geschaffenen. Jenes Kausalitätsprinzip gibt es jedoch für Eckhart nur im Bereich des dinghaft Seienden. Setzt man dieses Seiende mit „Natur" gleich im Unterschied zum nicht-seienden und insofern „übernatürlichen" Sein, dann bedeutet das: Das Kausalitätsprinzip gilt nur im Bereich der Natur. Dann aber ist Gott keine „Ursache" bzw. „Ursprung" des Grundes, und dieser nicht lediglich Wirkung eines Verursachenden. Gott ist folglich weder Ersturasche noch Ursache seiner selbst, genauso wenig wie er „höchstes Seiendes" und Substanz ist.

Hinsichtlich des Motivs der mystischen Einung ist nun noch ein Problemfeld zu diskutieren, nämlich die Frage nach der Bedeutung der menschlichen Freiheit im Prozess der *unio mystica*. Erkennt die christliche Mystik die Bedeutung der Freiheit an, oder ist sie gegenüber dem Freiheitsbegriff eher skeptisch oder sogar ablehnend?

Autonomie oder Heteronomie? Zum Zusammenspiel
von Natur und Gnade

Der Freiheitsgedanke kommt in mystischen Ansätzen in doppelter Hinsicht zum Tragen. Zum einen ist die Seele frei, und diese Freiheit wurzelt in ihrer einmaligen, unvertretbaren und einzigartigen Existenz, die wiederum im Grund der Seele gründet. Zum anderen ist die Freiheit der Seele notwendig, denn will sich die Seele selbst erkennen, muss sie dazu frei sein, muss sie diese Erkenntnis vollziehen können. Diese Freiheit der Seele impliziert allerdings ein völliges Frei- und Ledigsein von allen Kräften der Seele, allen Tugenden, allen äußeren Abhängigkeiten, impliziert also – mit Meister Eckhart gesprochen – Abgeschiedenheit und Gelassenheit. Zwar betonen manche Mystiker und Mystikerinnen, dass die Selbsterkenntnis in der Gnade und Führung Gottes wurzelt. Doch – und das ist entscheidend – die göttliche Gnade ist für die Mystikerinnen und Mystiker an die menschliche Freiheit gebunden. Dementsprechend ist es der freie Wille[143], der etwa die Selbsterkenntnis ermöglicht, die am Beginn des mystischen Weges steht: Das Ich erkennt die Unhintergehbarkeit seiner endlichen Existenz im Betrachten seiner selbst. Darin erkennt es sich zugleich als frei. Dieser Akt der Erkenntnis des „ich bin" ist jedoch selbst bereits ein Akt der Freiheit, denn wäre ich nicht frei, so könnte ich gar nicht erkennen. Voraussetzung dieser Freiheit ist allerdings die Freiheit von den Dingen; nur dann bin ich wirklich frei zur Selbsterkenntnis (positive Freiheit), wenn ich mich frei von den äußeren Einflüssen gemacht habe, von den Neigungen, die meine Erkenntnis einschränken (negative Freiheit).[144] Christinnen und Christen sollen, so Gertrud, „... sich bemühen, jeden Tag, jede Stunde, sei es am Tag, sei es bei Nacht, am Morgen oder am Abend oder wann auch immer, danach zu trachten, von allen äußeren Dingen frei zu werden, um so völlig losgelöst und in sich gesammelt frei zu sein für mich, damit sie schaut, was mein Wille ist."[145]

Hier gibt es einen Bezug zur Willensfreiheit: Im engeren Sinne meint die Willensfreiheit im mystischen Kontext die Freiheit der Wahl zwischen gut und böse,[146] meint also die Fähigkeit wie auch die Notwendigkeit zum moralischen Urteil und zur moralischen Handlung.[147] Wahrhaft frei bin ich jedoch erst dann, wenn ich die Wahlfreiheit hinter mir gelassen habe, mich mit meinem freien Willen Gott zuwende und ihn aus ganzem Herzen liebe.[148] Solch eine wahre Freiheit jenseits der bloßen Wahlfreiheit entsagt dem Eigenwillen und unterstellt sich dem göttlichen Willen: „… ich bin edel geboren und frei, ich darf nicht ohne Ruhm sein, da ich Gott liebe ganz allein … Und sie [die Minne, S. W.] spannt mich in des Gehorsams Kraft, dass ich Gott und allen Kreaturen liebevoll zu Diensten sein muss."[149] In dieser Einheit von göttlichem und eigenem Willen wird der Mensch erst frei. Voraussetzung jener Einheit ist die Entsagung, und somit sind auch in dieser Hinsicht Selbsterkenntnis und Freiheit miteinander verknüpft: Wer sich selbst erkennt, erkennt seine Kontingenz, und wer seine Kontingenz erkennt, ist bereit dazu, sich dem Willen Gottes anzugleichen und so eines Willens mit Gott zu werden. Das wiederum führt zur *unio* und zur *visio*.

Die Zuwendung zu Gott, das Annehmen seiner geoffenbarten Gnade und Liebe, ist somit grundsätzlich an die menschliche Freiheit gebunden: Das Ankommen der Gnade Gottes setzt die Offenheit für diese Gnade seitens des Menschen voraus, und diese Offenheit ist an Autonomie geknüpft, denn die Seele muss, um offen sein zu können, überhaupt sein, und sie muss frei sein, um die Haltung der Offenheit überhaupt einnehmen zu können. Das passive Offensein für die Gnade Gottes ist also zunächst einmal auf das aktive Sich-öffnen-Können der Seele angewiesen, und dieses Sich-öffnen-Können wiederum bedingt die Annahme eines freien Subjekts.[150]

Freiheit bedeutet hier jedoch weder isolationistischer und egoistischer Selbstbezug, der sich um Anderes nicht kümmert und sich nicht von ihm betreffen lässt, noch egoistische Selbsterhebung und Selbstermächtigung, die sich zur Mitte und zum Ursprung des Seienden macht, Anderes nur als Mittel zum Zweck der eigenen Selbstermächtigung und Selbsterhaltung missbraucht und es sich so unterwirft und verfügbar macht. Wahre Freiheit vollzieht sich vielmehr in der Offenheit für das Andere, im Sichöffnen für die Liebe Gottes und für Gott selbst, der sich der Seele in Liebe schenken will. Freiheit ist somit nichts anderes als Möglichkeitsbedingung der Beziehung zu Anderen, und sie vollzieht sich gerade in dieser Beziehung zu Anderen: Damit ist die Seele – durchaus auch im Rückgang ins eigene Innere – prinzipiell offen für das andere ihrer selbst, das sich auch in ihr selbst zeigen will. So durchbricht die christliche Mystik ein Verständnis von Autonomie im Sinne isolierter Unberührtheit und Unberührbarkeit, im Gegenteil: Die Seele ist sich in ihrer konstitutiven Offenheit für das Andere und Betroffenheit durch das Andere auch ihrer Bedingtheit durch das Andere gewiss: Sie stammt nicht aus sich selbst, hat sich nicht selbst geboren, sondern sie ist von Anderem hervorgebracht, geboren, geschaffen. Das heißt: Sie verdankt sich nicht selbst, sondern Anderem, vor allem der schöpferischen Liebe Gottes, der sie geschaffen und der sie erlöst hat. Damit wird deutlich: Für die Mystik schließen sich Autonomie und Offenheit für die Gnade und Liebe Gottes nicht aus; endliche Freiheit ist wesenhaft offen für Anderes, jenes andere wird nun gedeutet als das göttliche Andere und dessen Gnade und Liebe, welche die endliche Freiheit erst hervorbringen und dann auf diese durch sie hervorgebrachte Freiheit treffen. Und diese Gnade und Liebe Gottes kann der eigenen Existenz durchaus zuvorkommen, ohne Autonomie außer Kraft zu setzen. So schreibt zum Beispiel Gertrud von Helfta:

„Ich nahm mir vor, mich zu bemühen; ich wollte dieses Ziel der Einung erreichen ... Aber, der Du sprichst: ‚Siehe, hier bin ich' ... noch *bevor* Du gerufen wirst; Du hast diesen Tag vorweggenommen: Du kamst mir allerunwürdigstem Geschöpf mit den Segnungen Deiner Gnade zuvor an der Vigil des Festes ... Wenn ich mein Leben überdenke, das bisher verflossene und das, das kommen wird, dann muss ich bekennen – und das ist die lautere Wahrheit – dass es einzig und allein Gnade war und sein wird, die Du mir Unwürdigen, die Du für Dich gewonnen hast, schenkst. Von dieser Zeit an hast Du mir geschenkt, dass ich Dich in immer klarerem Licht erkennen konnte. Dadurch hat mich Deine milde, liebreiche Freundlichkeit mehr angelockt als es jemals die Strenge der mir zustehenden – gerechten – Strafe vermocht hätte; auch hätte die Strenge mich nicht gebessert."[151]

Gott hat die Seele und den Menschen erschaffen, Gott lockt die Seele durch seine zuvorkommende Liebe, durch sein ursprüngliches Begehren: „Ich habe dich begehrt, bevor die Welt begann."[152] Gott ruft die Seele,[153] zieht sie in sich hinein, führt sie zur Erkenntnis, wie Gertrud ausführt: „Erkenne und begreife, aus dir selbst hast du gar nichts. Alles, was du hast und bist, wodurch du mir gefallen kannst, das hast du aus mir und durch mich."[154] Letztlich wirkt Gott die Einung der Seele mit ihm, schenkt ihr die *unio*, so Mechthild von Hackeborn: „Er lockt die Seele mit seiner Süßigkeit nach seinem Wohlgefallen und nach dem, was er weiß, dass es der Seele frommt, und lässt sie in seiner Liebe zerschmelzen."[155]

Unzweifelhaft ist auch der Primat des göttlichen Willens gegenüber dem menschlichen Wollen; letzteres eint sich mit ersterem in der *unio*, menschlicher Wille hängt vom Willen Gottes ab und hat sich diesem unterzuordnen, so etwa bei

Gertrud von Helfta: „Daher ist es recht und billig, dass der Mensch in allen Dingen seinen Eigenwillen um Gottes Willen dem göttlichen Willen beugt, denn anders kann niemals das menschliche Wollen und Wünschen mit dem göttlichen Willen übereinstimmen; das freiwillige Unterordnen aber lohnt Gott mit unendlicher Gnade."[156]

Hier zeigt sich nun allerdings eine Ambivalenz im Verhältnis zur eigenen Autonomie, die in der Verknüpfung von philosophischer und theologischer Reflexion wurzelt: Einerseits ist Autonomie Vorbedingung der Offenheit für die Gnade Gottes, andererseits wird sie ein- und untergeordnet in Heteronomie gegenüber dem Willen Gottes und damit in Forderungen nach strengem Gehorsam; Forderungen etwa auch der Art, dass man sich von allem Widerspruchsgeist – auch den Oberen und jeder Kreatur gegenüber – freimachen und den eigenen Willen Gott darbringen müsse.[157] Die Vorstellung der Offenheit für das Andere kann in Bezug auf das göttliche Andere in die Vorstellung der Abhängigkeit von diesem umschlagen, die die Vorstellung der ontologischen Abhängigkeit im Sinne eines Verdanktseins von Gott her noch übersteigt; Offenheit wird so identisch mit Abhängigkeit und Unterwerfung, und das Verhältnis von Gott und Mensch dementsprechend zu einem asymmetrischen Verhältnis von Herrschaft und Unterwerfung umgedeutet, das als Legitimationsfolie menschlicher Herrschaftsverhältnisse dienen kann bzw. umgekehrt Ergebnis einer Projektion dieser menschlichen Herrschaftsverhältnisse auf die Beziehung zwischen Gott und Mensch ist.

Diese Ambivalenz findet sich auch bei den Eckhart-Schülern Seuse und Tauler: Seuse stellt die Unsagbarkeit des in der *unio* Geschauten heraus und konzipiert dementsprechend eine streng negative Theologie: „… Gott steht jenseits aller Sinne und aller Vernunfterkenntnis. Und dennoch gewinnt ein eifriger Mensch durch unentwegtes Suchen ein wenig Kunde von Gott, freilich in sehr entfernter Weise. Darin liegt des Menschen höchste Seligkeit … Er [ein Predigerbruder, S. W.] versank für diese Zeit so gänzlich in Gott, die Ewige Weisheit, dass er davon nichts aussagen konnte."[158] Das impliziert den Gnadencharakter der Gotteserkenntnis in der Schau; die Schau vollendet sich nicht kraft natürlicher Erkenntnis der Vernunft, sondern kraft übernatürlicher Erkenntnis aus Gnade: „Menschliche Art zu sehen musst du aufgeben, willst du in jenen Bereich kommen, denn aus Nichterkennen entspringt die Wahrheit."[159] Seuse betont dementsprechend auch den gnadenhaften Charakter der Einung mittels Überformung und Überbildung: „Ein gelassener Mensch muss dem Geschöpflichen entbildet, in Christus gebildet, in der Gottheit überbildet werden."[160] Oder an anderer Stelle: „In dieser Entsunkenheit vergeht der Geist, doch nicht ganz; er empfängt wohl die eine oder andere Eigenschaft der Gottheit, aber er wird nicht Gott von Natur. Was ihm zuteil wird, erhält er durch Gnade, denn er ist ein Etwas, geschaffen aus dem Nichts: und das bleibt er ewiglich ..."[161]

Ebenso charakterisiert Tauler die Erkenntnis, die sich in der Einung vollzieht, als Erkennen aus Gnade, nicht als Erkennen aufgrund des natürlichen Vernunftlichtes[162]: „Denn dahin, wo er ist, kann kein natürliches Licht hinführen. Manche Leute nun wollen mit dem Lichte ihrer natürlichen Vernunft diese Geburt ergründen, aber sie müssen alle Hoffnung fahren lassen und verderben; aus ihrem Bemühen wird nichts."[163] In diesem Zusammenhang formuliert auch Tauler eine negative Theologie: Gott ist unsagbar, unnennbar und letztlich kraft der Vernunft unerkennbar,[164] und wie Gott unnennbar ist, so auch der Grund der Seele. Gerade als solche Negativität steht er jenseits der Vernunfterkenntnis und kann nur durch Gnadengabe erkannt werden,[165] die schwache Natur benötigt das Licht der Gnade als übernatürliche Hilfe und Kraft sowie das Licht der Glorie, welches Gott selbst ist.[166] Tauler wendet sich denn auch gegen „... die ‚Vernünftler' mit ihrer natürlichen Einsicht";[167] das Vertrauen in die natürliche Einsicht führt sogar in teuflische Verblendung und falsche Freiheit: „Dann kommt der Teufel und flößt ihnen ein falsches Behagen und falsche Erleuchtung ein, und damit verleitet er sie, so dass sie ewig verloren gehen … Und weil sie in ihrem Innern empfinden, sie seien erleuchtet – was ihnen der Teufel vorspiegelt –, sagen sie, es komme von Gott, und wollen sich nichts nehmen lassen von dem, was sie mit Eigenwillen besitzen; davon fallen sie in ungeordnete Freiheit und treiben das, wozu ihre Natur sie zieht."[168]

Es wird also deutlich, inwiefern aus einer ambivalenten Haltung gegenüber der Freiheit und einer strikt asymmetrischen Verhältnisbestimmung von Gnade und Freiheit selbst bei Schülern des spekulativen Mystikers Eckhart ein hohes Maß an Intellektualitätsfeindlichkeit folgen kann. Rationalität wird in die Nähe von Verführung durch den Teufel, von Glaubensabfall und Sünde gestellt. Diese Vernunftfeindlichkeit findet sich jedoch auch in anderen affektiv-mystischen Konzeptionen, so etwa bei Mechthild von Hackeborn: Es sind ihr zufolge die „Einfältigen, welche mit einfachem Herzen die Gaben Gottes aufnehmen und weder über die Werke Gottes, noch auch über den Menschen urtheilen, weßwegen Gott an ihnen großes Wohlgefallen hat."[169]

Doch selbst in der Forderung nach Unterordnung, selbst in der ambivalenten Haltung gegenüber der Autonomie und der Rolle der Vernunft hinsichtlich der Gotteserkenntnis bleibt bestimmend, dass Gott dem Menschen den freien Willen geschenkt hat und ihm diesen auch in seinem Bestreben nicht entzieht, ihn mit sich zu einen: „… das ist Dein größtes Geschenk, das Deine Gnade uns zur Mehrung der Verdienste gewährt: Du bewahrst uns den freien Willen. Du willst ihn uns in keiner Weise entziehen …"[170] Die Seele muss Gott entgegenkommen, dies jedoch in Freiheit. Denn nur dann ist Gottes Liebe wirkliche Liebe, wenn sie die menschliche Freiheit wahrt, und umgekehrt ist menschliche Minne nur dann wirkliche Minne, wenn sie frei ist.

Das heißt auch: Selbstverlust, Unterordnung unter den göttlichen Willen, das „Lassen seiner selbst" sind eingebettet in ein vorgängiges Selbstsein, das sich lediglich in der Offenheit zurücknehmen, lassen muss, will es wahrhaft offen sein. Die Passivität des „Lassens" ist eingefügt in die Aktivität des „Seins" bzw. „Werdens". Außerdem führt das Lassen seiner selbst gerade nicht in völlige Selbstauflösung und Vernichtung, sondern in ein neues, vollkommenes und wahrhaftes Selbstsein in der Einheit mit Gott, denn bekanntlich bleibt ja auch in der *unio* die Differenz zwischen Schöpfer und Geschöpf und damit auch die Individualität der Seele im Sinne ihrer Einmaligkeit und Eigenständigkeit erhalten.

Dementsprechend gibt es in der Beziehung zwischen Seele und Gott zwar ein asymmetrisches Moment – in der Vorgängigkeit der Liebe Gottes gegenüber der minnenden Seele –, aber dieses asymmetrische Moment ist eingebunden in die Symmetrie, die Wechselseitigkeit der Minne, und dies verhindert eine Verabsolutierung der Asymmetrie. So schreibt etwa die Magdeburgerin:

> „Ich begehre dein,
> und du begehrst mein.
> Wo zwei heiße Verlangen zusammenkommen,
> da ist die Liebe vollkommen."[171]

Dieses wechselseitige Bezugsverhältnis zeigt sich darüber hinaus auch in den Dialogen zwischen Seele und Gott. Gott ruft die Seele an – das impliziert zweifelsohne auch ein vorgängiges Angerufensein durch Gott –, doch um die Seele überhaupt ansprechen zu können, muss sie als dialogfähiges und dialogbereites Gegenüber überhaupt erst in Einmaligkeit und Unvertretbarkeit existieren, andernfalls ginge Gottes Anruf ins Leere. Umgekehrt muss die Seele existieren, um dem Ruf antworten zu können, um in den Dialog mit Gott eintreten zu können. Und ebenso setzt die Dialogfähigkeit Dialogbereitschaft im Sinne eines freien Entschlusses voraus, in das Dialoggeschehen einzutreten. Genau dies macht aber das Dialogverhältnis nicht zu einem Verhältnis der Asymmetrie (hier anrufender Gott – dort bloß empfangende und gehorsame Seele), sondern zu einem Verhältnis der Wechselseitigkeit in einer „Einheit von Passion und Aktion".[172]

Die Ambivalenz, die dem Autonomiegedanken in nicht wenigen Ansätzen christlicher Mystik eigen ist, wird in einigen mystischen Konzepten durchbrochen und das Bekenntnis zur Bedeutung der menschlichen Freiheit vereindeutigt, so etwa bei Mechthild von Magdeburg, bei Hadewich und Margeruite Porête sowie dann in besonderem Maße bei Meister Eckhart. Mechthild beispielsweise räumt in einer Passage des *Fließenden Lichtes der Gottheit* der Weisheit der Seele den Vorrang ein gegenüber der Autorität der Apostel. Mahnen die Sinne die Seele: „In der Apostel Weisheit findet Ihr große Sicherheit", so antwortet die Seele: „Ich hab die Weisheit hier bei mir, das Beste wähl ich stets mit ihr."[173] Mechthild unterwirft der freien Seele sogar Gott: „Die heiligste Dreifaltigkeit und alles, was Himmel und Erde zeigt, muss mir untertan sein in Ewigkeit."[174] Die Magdeburgerin, als ehemalige Begine wohl durch das Denken des „freien Geistes" beeinflusst, stellt die Bedeutung der Freiheit eindringlich und mutig heraus: Unbestritten soll sich die Seele öffnen für die Liebe und Gnade Gottes, doch dies nicht auf Kosten der Freiheit, sondern gerade mit ihrer Hilfe. Gott ist auf die Freiheit der Seele angewiesen, gegen ihren Willen kann er sie nicht zur Liebe zu sich erwecken. An die Kraft der Autonomie ist sogar Gott gebunden, will er die Seele zu sich führen. Die Freiheit der Seele ist Möglichkeitsbedingung der Gottesbeziehung; die „freie Gottesminne" braucht die in Freiheit existierende Seele. Freiheit ist aber nicht nur Möglichkeitsbedingung der *unio*, sondern der freie Wille macht letztendlich die Würde des Menschen aus.[175] Dies eint die Magdeburgerin mit den beiden anderen Beginenmystikerinnen Hadewich und Margeruite Porête.

Auch Hadewich stellt die Bedeutung der Freiheit für die Einung und damit für die Gotteserkenntnis heraus. Der Weg der Seele zu Gott ist ein Weg zur Freiheit der Seele – und umgekehrt der Weg Gottes zur Seele ein Weg zur Freiheit Gottes: „Seele ist ein Weg, auf dem Gott aus seinem Tiefsten in seine Freiheit gelangt, und Gott ist der Weg, auf dem die Seele in ihre Freiheit gelangt."[176] Beide, Gott und Seele sind frei, sie realisieren und bestimmen jedoch ihre Freiheit allererst in der wechselseitigen Begegnung und Anerkennung ihrer Freiheiten. Göttliche und menschliche Freiheit entsprechen einander und weisen reziprok aufeinander zurück. Ohne Gott keine Freiheit der Seele, und ohne Seele keine Freiheit Gottes. Das mag vielleicht anstößig erscheinen, gemeint ist jedoch: Es kann keine Realisierung und Bestimmung der göttlichen Freiheit geben, wenn kein Gegenüber dieser Freiheit existiert, die sie anerkennt. Die göttliche Freiheit ginge ansonsten ins Leere. Allerdings – und das ist das Besondere der göttlichen Freiheit – hat diese die endliche, menschliche Freiheit erschaffen, sie hat sich gewissermaßen ein Gegenüber geschaffen, damit sie sich realisieren kann, damit sie sich überhaupt bestimmen kann. Umgekehrt bedarf die endliche Freiheit der göttlichen Freiheit, und dies in zweifacher Hinsicht: Sie bedarf ihrer als Möglichkeitsbedingung ihrer selbst, denn ohne sie wäre sie nicht, und sie bedarf ihrer als Gegenüber, damit sie sich realisieren und bestimmen kann.

Bei Margeruite Porête findet sich ein ganz besonderer Zugang zur Freiheit: Die freie Seele ist die vernichtete Seele (*âme adnientie*) im fünften Stand der Seele. Die Seele hat sich hier von allen ihren Vermögen befreit, allen ihren Kräften, aber auch von allen ihren Tugenden, äußeren Haltungen, allen ihren Bezügen zu externen Dingen o. ä. Genau darin, in dieser Freiheit, sinkt die freie Seele in den Grund ihrer selbst und findet dort ihre wahre Freiheit. Denn der Grund ist diese wahre Freiheit, die nichts anderes ist als die göttliche, vollkommene Freiheit, die im Grund der Seele wohnt und mit diesem identisch ist. Wenn nämlich Seelengrund und Gottesgrund identisch sind – in bleibender Differenz, dann sind auch göttliche und menschliche Freiheit identisch – ebenso in bleibender Differenz. Auch hier gilt das Modell einer Einheit in Differenz. Margeruite identifiziert die freie Seele mit der vernichteten, zernichteten Seele, die mit Gott geeint ist: „... eine solche Seele, die zunichte geworden ist, hat alsbald alles und so hat sie nichts, sie will alles und will nichts, sie weiß alles und weiß nichts."[177] Und an anderer Stelle: „Diese Seele weiß nur eines, nämlich dass sie nichts weiß, und sie will nur eines, nämlich dass sie nichts will. Und dieses Nichtwissen und Nichtwollen geben ihr alles (spricht der Heilige Geist) und lassen sie den verborgenen und versteckten Schatz finden, der für immer in der Dreieinigkeit beschlossen ist. Sicher nicht durch göttliche Natur, denn das kann nicht sein, aber durch die Kraft der Liebe, denn dies soll sein."[178] „Zernichtet" wird hier jedoch nicht das Selbst überhaupt, sondern nur der abhängige Teil des Selbst, der der Einung entgegensteht. Diese Selbstvernichtung ist nicht Selbstverlust im Sinne einer völligen Auflösung des Selbst in Gott, sondern Selbstgewinn, neue Identität des Selbst in Gott.

Meister Eckhart hat diesen Gedanken Margeruites übernommen und unter den Bezeichnung „Abgeschiedenheit und Gelassenheit" sowie „Armut" weitergeführt: „Das ist ein armer Mensch, der nichts *will* und nichts *weiß* und nichts *hat*."[179] Des Weiteren gelingt es Eckhart durch Rückgriff auf scholastische Spekulationen zum Verhältnis von Natur und Gnade, jegliche Ambivalenz innerhalb des mystischen Freiheitsverständnisses zu tilgen. Eckhart unterscheidet in diesem Zusammenhang zunächst ganz im Sinne der theologischen Tradition zwischen dem natürlichen Licht der Vernunft (*lumen naturale*) und dem Licht des Glaubens (*lumen fidei*) bzw. dem übernatürlichen Licht der Gnade (*lumen gratiae*) und dem Licht der Glorie (*lumen gloriae*), welches von Gott eingegossen wird und das Vernunftlicht überformt.[180] Der geschaffene Intellekt kann Gott nicht aus rein natürlichen Kräften erkennen, sondern braucht dazu die übernatürliche Begnadung.[181] Dabei scheint es eine klare

Hierarchie von *lumen naturale, lumen gratiae* bzw. *fidei* und *lumen gloriae* zu geben[182]; das Licht der Vernunft ist klein gegenüber dem Gnadenlicht[183] und braucht das *lumen gloriae* zur vollkommenen Schau Gottes. *Ekstasis* ist dann gleichbedeutend mit einem Emporgezogenwerden bzw. Hinausgerücktwerden des Lichtes der Vernunft in das Gnadenlicht und dann in das Licht der Glorie.[184] Andererseits können Eckharts Ausführungen zu Vernunft und Glaube bzw. Natur und Gnade hinsichtlich der Erkenntnis auch anders gedeutet werden: Das Licht der Vernunft und das Licht des Glaubens fallen in der Einung mit Gott und somit in der Erkenntnis Gottes so in eins, dass keines von beiden den Primat hat, sondern dass das Vernunftlicht schon bereits qua intuitivem und unmittelbarem Erkennen Gottes und nicht durch einen nachträglichen, übernatürlichen Akt zum *lumen fidei* wird: „… wenn das göttliche Licht sich in die Seele gießt, so wird die Seele mit Gott vereint wie ein Licht mit dem Lichte; dann heißt es ein Licht des Glaubens, und das ist eine göttliche Tugend."[185] Zudem betont Eckhart mehrfach, dass wir Gott im Intellekt erfassen und schauen.[186]

Folgt man der skizzierten Interpretationslinie, dann ist das Vernunftlicht bei Eckhart nichts anderes als das von Gott eingegossene Licht, ist doch der Intellekt und damit auch das *lumen naturale* letztlich von Gott geschenkt, eingegossen: „Wenn der Mensch das göttliche Licht, das Gott naturhaft in ihm erschaffen hat, bloßlegt und aufdeckt, dann wird Gottes Bild in ihm offenbar."[187] Gnade, so Eckhart, ist gleichbedeutend mit dem Einwohnen und Mitwohnen der Seele in Gott,[188] und genau in diesem Wohnen vollzieht sich die Erkenntnis Gottes. In der Einung mit Gott werden natürliches Licht der Vernunft und göttliches Licht eins. Dazu bedarf es allerdings keiner gänzlichen Überformung des natürlichen Lichtes der Vernunft durch das Gnaden- und Glorienlicht, sondern einer Vereinigung und solcherart einer Umwandlung des Vernunftlichtes im Sinne einer Vervollkommnung. Diese Vervollkommnung setzt das Ver-

82

nunftlicht keineswegs außer Kraft, noch verlangt es dessen Auslöschung und Auflösung oder Ersetzung durch das Licht der Gnade und des Glaubens. Sie verlangt vielmehr dessen Offenheit für die Erkenntnis Gottes und die Einung mit dem göttlichen Licht, an dem das Vernunftlicht durch Einfluss und Eingießung bereits partizipiert. Der Intellekt hat am göttlichen Intellekt teil, und insofern er Intellekt ist, ist er durch Teilhabe zugleich mit diesem göttlichen Licht begnadet. Und weil er am göttlichen Intellekt partizipiert, ist er „über der Natur", d. h. über den Dingen, dem Seienden im Sinne eines „Dies und Das", denn Eckhart versteht Gott als Identität nicht – wie die Tradition – von Sein und Denken, sondern von Sein und Erkennen. Das göttliche Sein jedoch ist als Erkennen weder Substanz noch ‚Dies und Das' wie das Seiende, sondern Dynamik, Ereignis, Vollzug und im Vergleich zum bloß dinghaft und individuell Seienden „nichts". Umgekehrt ist das Sein der Kreaturen, das radikal vom absoluten Sein Gottes abhängt, in dieser Abhängigkeit nichts im Vergleich zur Seinsfülle des Absoluten. Dieser „ontologischen Differenz" zwischen göttlichem Sein und kreatürlich Seiendem bzw. der Einheit des Seins entsprechend ist der göttliche Intellekt, also Gott selbst in der Einheit von Sein und Erkennen, „übernatürlich" bzw. „nicht-natürlich", insofern Natur mit dem Bereich des Kreatürlichen, des individuell Seienden, identisch ist und ihm nur aufgrund der Teilhabe bzw. radikalen Abhängigkeit vom absoluten Sein der Gottheit „Sein" zugesprochen werden kann. Demgemäß ist die Erkenntnis des göttlichen Intellekts nur in diesem eng gefassten Sinne „übernatürlich" und ebenso die Erkenntnis, die am göttlichen Intellekt Anteil hat. Der Intellekt ist bereits „über der Natur", und insofern er dies ist – als Möglichkeitsbedingung der Erkenntnis des Seienden – ist in ihn die „übernatürliche" Gnade eingeflossen. Zudem ist der Intellekt, von dem Eckhart spricht, nicht der Verstand im Sinne eines Seelenteils oder Seelenvermögens, sondern im Sinne des Seelengrundes, der die Seelenvermögen überhaupt erst gründet und ermöglicht. Als dieses „jenseits der Vermögen", als Grund, ist er natürlich und „übernatürlich" (d.h. nichtdinglich, ort- und zeitlos) zugleich:

> „... die den Menschen angenehm machende Gnade, die auch übernatürliche Gnade genannt wird, ist nur im intellektiven (Teil der Seele), aber auch darin nicht, insofern dieser etwas Naturhaftes ist, sondern sie ist darin, insofern er Intellekt ist und insofern er die göttliche Natur verspüren lässt, und insofern ist sie etwas (Höheres) über der Natur und infolgedessen etwas Übernatürliches ... Daher fließt die übernatürliche Gnade nur in den Intellekt, insofern der Intellekt etwas über der Natur ist. Deshalb ist alles und nur das übernatürlich und (Gott) angenehm machende Gnade, was dort aufgenommen und bewirkt wird ... Die (Gott) angenehm machende und übernatürliche Gnade ist also im intellektiven (Teil der Seele), insofern der Intellekt der göttlichen Natur teilhaftig ist und diese verspüren lässt und insofern er Bild oder nach dem Bild Gottes (geschaffen) ist ..."[189]

Das Licht des Intellekts ist als Gabe des göttlichen Lichtes Gleichnis und Bild dieses Lichtes, es ist mit ihm gleich, es ist wesenhaft kein anderes Licht. Dennoch besteht eine Differenz zwischen göttlichem Licht und Vernunftlicht: Es ist geschaffenes Licht und damit wesenhaft abkünftig, verdankt: „Darum vermag die Seele mit dem Lichte, das ihr Gott gegeben hat, nicht über sich selbst hinaus zu wirken, weil es ihr *Eigen* ist, und weil Gott es ihr als eine Morgengabe in die oberste Kraft der Seele gegeben hat. Wiewohl dieses Licht Gottes ‚Gleichnis' ist, so ist es doch *geschaffen* von Gott. Ist doch der Schöpfer eines und das Licht ein anderes und ist Kreatur; denn, ehe Gott je eine Kreatur erschuf, da war nur Gott, und *nicht* Licht und keine Finsternis."[190] So bringt Eckhart die Identität und die Differenz von göttlichem

Licht und Vernunftlicht zum Ausdruck[191] – ein Modell, das uns im Rahmen der Seelengrundlehre und in der Bildlehre Eckharts wieder begegnet.

Wenn nun aber die Verhältnisbestimmung von Natur und Gnade bei Eckhart nicht zwingend als „übernatürliche" Hinzufügung zur bzw. „über" der „natürlichen" Vernunft zu interpretieren ist, dann eröffnet diese Interpretation ein Verständnis des Autonomiegedankens, das die ambivalente Haltung mancher Mystikerinnen und Mystiker gegenüber der Autonomie hinter sich lässt: Im Seelengrund ist dem Selbst die Möglichkeit der Gottesschau gegeben, und dieser Seelengrund ist „entbildet", „lauter", „ledig" und „frei" in seiner Abgeschiedenheit und in der Gelassenheit. Dann aber muss der Grund nicht nochmals in einem quasi nachträglichen Akt überformt werden, was ein rein passives Verständnis des Grundes ausschließt. „Überformung" und „Begnadung" finden bereits in der immerwährenden Gottesgeburt in der Seele statt. Da aber im Eingebären Gottes der Grund selbst „geboren" wird als Eines mit Gott in der Differenz des Geborenseins, ist letztlich die Geburt Gottes als Seelengrund die Gnade, die eine nachträgliche Begnadung überflüssig macht: Wir sind immer schon in der Gnade und Liebe Gottes, so lautet die Botschaft Eckharts, aus der wir selbst in unserem Schuldigwerden und in unserer Endlichkeit niemals ganz herausfallen können – dies ist uns in der Menschwerdung Christi denn auch ein für allemal bezeugt. Die Heilsgeschichte zwischen Gott und den Menschen, die Zusage unverbrüchlicher Liebe und Treue, ist nichts anderes als die Fortführung und geschichtliche Ausfaltung dieser Begnadung im Grund.

Steht nun wie gesehen die Einung mit Gott im Zentrum der christlichen Mystik, ja ist die Einung das Kernmotiv der Mystik schlechthin, dann ist jedoch zu fragen, was christliche Mystiken überhaupt unter „Gott" verstehen, mit dem sich die Seele eint: Welche Bilder von Gott lassen sich in Konzepten christlicher Mystik entdecken?

Mystische Gottesbilder

Die Gottesbilder, die sich in Texten christlicher Mystik entdecken lassen, können in personale und in apersonale Gottesbilder unterschieden werden, wobei sich diese wechselseitig durchdringen und ergänzen – ein wichtiger Gesichtspunkt, auf den nochmals zurückzukommen sein wird.

Personale Gottesbilder

Insbesondere in der Minne- und Passionsmystik herrschen personale Gottesbilder vor: Gott liebt die Seele, ist ihr Geliebter, ihr Bräutigam und damit das liebende Gegenüber der Seele. Als solcher ist Gott Person, denn er steht zu ihr in einem Beziehungsverhältnis, und er ist als Person ein der Seele gegenüberstehendes, zugleich auf sie hingeordnetes Subjekt. Das Verhältnis von Gott und Seele lässt sich als Verhältnis von Ich und anderem Ich bestimmen, die einander in Minne begegnen und sich vereinen. Als Bräutigam bzw. Geliebter ist Gott der Seele nahe, als ihr innewohnender Grund ihr gegenwärtig. Gott wird dabei immer als trinitarischer Gott verstanden, als Dreiheit der Personen. In Mechthild von Magdeburgs „Fließendem Licht der Gottheit" beispielsweise finden sich Dialoge zwischen den drei göttlichen Personen – das so genannte *„consilium trinitatis"*, also der Rat der Dreifaltigkeit, in dem Vater, Sohn und Geist sozusagen die Schöpfung „beschließen".

Dieser personale Gott, der der Seele begegnet und entgegenkommt, erscheint häufig in Gestalt der zweiten Person des trinitarischen Gottes, in der Gestalt Christi. Jesus Christus ist der Bräutigam der Seele; Christus ist es, der in der Seele wohnt – analog zu Augustinus' Identifikation Christi mit dem inneren Lehrer, der der Seele einwohnt. Christus ist es, der sich der Seele eingießt und in ihr geboren wird. Mechthild von Magdeburg kennt allerdings auch die Geburt des Heiligen Geistes in der Seele; doch in der Frauenmystik

– wie in der Mystik insgesamt – ist das Motiv der Christusgeburt ungleich häufiger als dasjenige der Geistesgeburt. Braut- und Liebesmystik sind also häufig identisch mit Christusmystik. Teilweise schlägt sich das in einer ausgeprägten Christusfrömmigkeit nieder, bis hin zu einer tiefen eucharistischen Frömmigkeit. Diese Konzentration auf Jesus Christus begegnet auch in leidensmystischen Traditionen: Dort ist er der Schmerzensmann, der Kruzifixus, dessen Passion erinnert wird und nochmals durchlebt wird in der eigenen Schmerzerfahrung der Mystikerin, des Mystikers. Im eigenen Schmerz begegnet Christus als derjenige, der diesen Schmerz durchlitten hat und im Leiden zugegen ist. Auch die Leidensmystik ist wesentlich Christusmystik. In beiden Aspekten – in der Liebe und im Leiden – erhält Gott eine sinnliche Komponente: Er ist nicht reiner Geist, Denken des Denkens, schon gar nicht eine unveränderliche Ursache seiner selbst als erste Ursache von allem, was ist. Er ist der immanente, nahe Gott, der fühlt, spürt, berührt, der in Beziehung steht zur Schöpfung und den Geschöpfen. Er ist nicht nur ein Gott der Geschichte, sondern ein Gott der Beziehung, der Leidenschaften, der Affekte.

Der trinitarische Gott ist jedoch nicht nur der nahe und liebende Gott, sondern auch der ferne Gott, der ganz Andere, der Geheimnisvolle, der sich Entziehende, Unaussprechliche: Die Ferne Gottes wird besonders in der Gottesentfremdung und Gottesnacht empfunden, im abschiedslosen Sinken aus der *unio*, im schmerzvollen Empfinden der Trennung sowie in der Vorläufigkeit der Einung, die zu Lebzeiten niemals von Dauer sein kann. Es bleibt die schmerzvolle Sehnsucht nach der Einung mit dem Fernen, der sich entzogen hat. Hier deutet sich die Rezeption der negativen Theologie Dionysius Areopagitas an: In seiner Ferne und Abwesenheit ist Gott der ganz Andere, Rätselhafte, und als solcher ist er niemals gänzlich zu schauen, zu erkennen. Schon gar nicht ist er kraft des Denkens zu erkennen und begrifflich zu bestimmen: Er ist unaussprechlich, unnennbar, unbestimmbar-bleibendes Geheimnis: „Alles, was man über Gott sagen oder schreiben kann … ist weit mehr eine Lüge als eine wahrheitsgemäße Aussage."[192] Und an anderer Stelle: „Einen andern Gott als den, von dem man nichts vollständig zu erkennen vermag, gibt es nicht … er, über den ich kein Wort zu sagen weiß, den selbst die Bewohner des Paradieses in keinem einzigen Punkt erreichen können, ungeachtet der Erkenntnis, die sie über ihn besitzen."[193]

In dieser Spannung von Anwesenheit und Abwesenheit, Nähe und Ferne, ist Gott der Nahferne, der andere Nicht-Andere bzw. nicht-andere Andere des mystischen Ichs. Nahe ist er in der Liebe und im Leiden, ferne ist er im Entzug, in seiner absoluten Andersheit (Alterität) gegenüber dem Geschöpf. Diese Spannung von Präsenz und Absenz kommt im Augenblickscharakter der *unio* zum Ausdruck: Kaum geschieht sie, ist sie schon wieder vorbei. Margeruite Porête z. B. spricht denn auch vom Blitz der Einung: ein Augenblick größtmöglicher Nähe, der jedoch unmittelbar in Abwesenheit Gottes umschlägt. Im Seelengrund zeigt sich nun Gott als der Nahferne, denn er ist – der Seele einwohnend – ihr Nächstes und Innerstes, in dessen Vertrautheit sie sich hineinsenken kann und in der sie ihre Identität findet. Zugleich aber – als Ursprung und Grund der Seele – ist Gott der Andere, Fremde, der Abgrund der Seele, in dessen Fremdheit sie sich verliert. Über ihren Grund kann die Seele niemals verfügen, er ist dem Zugriff des Denkens entzogen, er ist ebenso unsagbar wie Gott, der ihm innewohnt. Die „Seelenburg" ist somit ebenso wie Gott niemals auf den Begriff zu bringen. Sie ist Rätsel, Geheimnis – eben *abyssus*, Abgrund. Allein metaphorisch ist er zu umkreisen, zu umschreiben, aber all diese Metaphern vermögen niemals völlig zu treffen. Und doch: „Der Fernste ist zugleich der Naheste."[194]

Der Nahferne zeigt sich dem mystischen Ich, er senkt sich herab, begegnet der Seele im Zustand der Freiheit und Selbstvernichtung, und reißt sie heraus (*raptus*) und hinan (*ekstasis*) in den höchsten Stand der Seele und damit in die Einung mit sich. Doch ebenso wenig wie Gott selbst ist dieser Zustand beschreibbar, denn die Seele befindet sich in einem Zustand, in dem sie nichts vernimmt. Auch hier bleibt allein die metaphorische Rede, die Erzählung, die versucht, dasjenige reflexiv nachzuvollziehen, was sich vor aller Reflexion ereignet.

Neben personalen Gottesbildern kennt die Mystik jedoch auch apersonale Metaphern für Gott – beide vermischen sich, häufig werden sie wechselseitig verwendet.

Apersonale Gottesbilder

Das am häufigsten verwendete apersonale Gottesbild ist dasjenige der Minne, der göttlichen Liebe, wobei dieses Gottesbild eng mit dem des Geliebten und damit mit einem personalen Gottesbild verknüpft ist: Gott ist Minne, ist Liebe, aber als solche ist Gott immer auch liebende Person. So schreibt etwa Mechthild von Magdeburg:

> „Dass ich dich überaus liebe, das habe ich von Natur,
> weil ich die Liebe selber bin.
> Dass ich dich oftmals liebe, hab ich von meiner
> Sehnsucht,
> weil ich ersehne, dass man mich herzlich liebt.
> Dass ich dich lange liebe, kommt von meiner Ewigkeit,
> weil ich ohne Anfang und ohne Ende bin."[195]

Das Bild der Minne drückt etwas Dynamisches, Prozessuales aus: Gott ist kein höchstes Seiendes, weder Ding noch Substanz, sondern Vollzug, Ereignis – eben Vollzug und Ereignis der Liebe. Dies gilt auch für andere apersonale Metaphern: Mechthild von Magdeburg spricht beispielsweise vom „fließenden Licht" der Gottheit und damit von einer dynamischen Energie, die sie mit der Gottheit identifiziert.

Dieses fließende Licht ist identisch mit der Minne. Manchmal spricht Mechthild auch vom „heißen Feuer der Gottheit" oder der „spielenden Minneflut", die aus Gott heraus fließt und die dieser selbst ist. Mechthild unterscheidet jedoch – anders etwa als Meister Eckhart – nicht zwischen der Gottheit im Sinne des göttlichen Grundes und dem trinitarischen, personalen Gott. Das fließende Licht der Gottheit ist mit dem trinitarischen Gott identisch, der in sich bereits Dynamik und Prozess ist – eben in der innertrinitarischen Beziehung der göttlichen Personen: „… da strahlten die drei Personen so herrlich als der Eine zusammen, eine jede konnte durch die andere flammen, und dennoch waren sie in dem Einen ganz beisammen."[196]

Die Dynamik der Lichtmetaphorik paart sich mit der Dynamik einer Ortsmetaphorik, wie sie sich etwa bei Margeruite Porête, bei Meister Eckhart oder bei Teresa von Avila findet: Gott wohnt im Grund, der Klausur, der inneren Burg der Seele, und damit ist er mit diesem Grund identisch. Doch der mit Gott identifizierte Ort ist genau besehen ein „ortloser Ort", handelt es sich doch weder um einen Ort in der Seele noch um eine lokalisierbare Seelensubstanz. Er ist weder dies noch das, also kein Seiendes, kein Ding, er ist vielmehr Ereignis, Vollzug der Seele selbst als deren Innerstes sowie Vollzug Gottes im Eingebären und Eingießen seiner selbst in den Grund, den Gott aus sich selbst herausgesetzt hat.

Lassen diese apersonalen Gottesbilder jedoch darauf schließen, dass die Mystik letztlich einen strikten Monismus und einen Pantheismus vertritt, der den Unterschied zwischen göttlichem und weltlichem Sein, zwischen Schöpfer und Geschöpf einebnet? Steht hinter dem trinitarischen Gott, der sich in Geschichte offenbart, eine unpersönliche, all-eine Gottheit? Sind die göttlichen Personen somit genau besehen nichts anderes als Modi, Erscheinungsweisen dieser all-einen Gottheit – neben anderen Erscheinungsweisen wie etwa die Welt als ganze? Paart sich somit Monismus und

Pantheismus mit einer modalistischen Deutung der Trinität, die den Trinitätsgedanken letztlich aushebelt?

Zweifelsohne gibt es in einigen mystischen Texten Passagen, die sich pantheistisch und dann auch modalistisch deuten lassen. Hadewijch beispielsweise beschreibt Gott als „Alles in Allem": „… dass er das All in Allem und ganz in jedem Dinge ist. Gott ist über Allem und unerhoben. Gott ist unter Allem und ungedrückt. Gott ist in Allem und uneingeschlossen. Gott ist außer Allem und allumfasst."[197] Auch bei Mechthild von Magdeburg finden sich Passagen, die sich pantheistisch verstehen lassen, wenn etwa Mechthild Gott folgende Worte in den Mund legt: „Ich bin in mir selbst, an allen Stätten und in allen Dingen, wie ich je war vor allem Beginn."[198] Das Gleiche gilt für Eckharts Verständnis Gottes als Gottheit bzw. göttlicher Grund, der sich in die Dreiheit der göttlichen Personen ausdifferenziert, der aber im ungeschaffenen Grund der Seele wohnt und mit dieser identisch ist. Doch gerade Eckharts Gottesverständnis kann verdeutlichen, inwiefern die christliche Mystik keinen strikten Monismus bzw. Pantheismus und dann auch keinen Modalismus vertritt.

Eckharts Gottesverständnis lässt sich am besten aus seinen lateinischen Werken erschließen, und hier insbesondere aus der ersten seiner *Pariser Quaestionen*. In dieser Quaestio widmet sich Eckhart der Frage: *„Utrum in deo sit idem esse et intelligere* [ob in Gott Sein und Erkennen dasselbe sind]"[199] Hier wendet sich Eckhart gegen die klassische These, dass Gott erkennt, weil er ist, dass also aus Gottes Existenz sein Vermögen abgeleitet wird zu erkennen. Für Eckhart lautet die These vielmehr umgekehrt: „… weil er erkennt, deshalb ist er, in der Weise, dass Gott Intellekt und Erkennen ist, und das Erkennen selbst die Grundlage des Seins ist."[200] Damit vertritt Eckhart einen Primat des Intellekts bzw. des Erkennens gegenüber dem Sein, wobei Sein für Eckhart hier mit dem kreatürlichen, dem Kausalitätsprinzip unterworfenen Seienden „Dies und Das" identisch ist. Gott aber, so Eckhart, ist kein Seiendes, sondern das Prinzip des Seins und kann damit selbst kein Sein sein. Ebenso ist Gott keine Substanz, da das Substanz-Akzidenz-Verhältnis nur auf natürlich, das heißt dinghaft Seiendes zutrifft. Wenn Gott aber kein Sein ist, so auch keine Substanz. Im Vergleich zum Seienden ist Gott daher Nichtseiendes, Nichts. Gott ist „die Lauterkeit des Seins", das heißt: völlige Leere, *tabula rasa*. Reine Lauterkeit ist jedoch Aristoteles zufolge Kennzeichen des Intellekts, und wenn Gott genau jene Lauterkeit ist, dann ist er mit dem Intellekt identisch. Als solcher ist Gott nichtseiend, kein verursachtes, begrenztes Ding in Raum und Zeit, sondern zeit- und ortlos, unendlich und unbegrenzt, ungeschaffen und – zunächst – unbestimmt. Daraus ist zu folgern,

> „... dass Gott das Sein nicht zukommt, und dass er kein Seiendes ist, sondern er ist etwas Höheres als das Seiende. Denn wie Aristoteles sagt, dass der Gesichtssinn farblos sein muss, um alle Farben wahrnehmen zu können, und dass der Intellekt selbst nicht durch die in der Natur gegebenen Formen bestimmt sein darf, um alle erkennen zu können, so streite auch ich Gott selbst das Sein an sich und dergleichen ab, damit er die Ursache alles Seins sein und alles in sich im voraus enthalten kann, so dass Gott nichts abgestritten wird, was ihm zukommt, wohl aber was ihm nicht zukommt."[201]

Die These vom Primat des Intellekts und der Identität von Gott und Intellekt führt demnach auch zu einer negativen Theologie, weil alle Prädikate und Vorstellungen von Gott verneint, „abgestritten" werden. Diese Verneinungen münden allerdings für Eckhart in eine Negation der Negation und damit in einen „Überschwang der Bejahung", wie er sagt, in eine neue Position, welche eine streng negative Theologie aufsprengt. Gott ist Reinheit, Lauterkeit, Leere, aber weil absolute Lauterkeit mit absoluter Einheit zusammenfällt, ist Gott zugleich auch eine das Seiende umfassende wie auch transzendierende Fülle und Vollkommenheit, die alle Prädikate, alle Vorstellungen, alle Bilder in sich enthält. Entspricht die *via negationis* der Reinheit und Lauterkeit Gottes, so entspricht die Fülle Gottes dagegen einer positiven, bestimmenden Theologie. Diese Fülle der Gottesbilder führt allerdings ebenso wenig wie die Lauterkeit Gottes zu einer Beliebigkeit der Bezeichnungen, zu einer Hermeneutik unendlichen (Schrift-)Sinns. Gott ist für Eckhart durchaus bestimmbar und bestimmt: etwa als Intellekt, als Reinheit, Lauterkeit, Einheit, Einfachheit, Vollkommenheit, Unendlichkeit, Unbegrenztheit, Ungeschaffenheit, später auch als Sein, als Identität in Differenz, als eine Gottheit und als Gott in der Dreiheit der Personen. Diese Bestimmungen bilden die Grenze für die Vielfalt der Bezeichnungen und Bilder, das Kriterium für die Rede von Gott und die Hermeneutik der Schrift.

Hat Eckhart in der Pariser Quaestio Gott mit dem *intelligere* (erkennen) gleichgesetzt, so ändert sich das im so genannten *Opus tripartitum*, dem unvollendet gebliebenen lateinischen Hauptwerk Eckharts. Dort identifiziert Eckhart Gott an einigen Stellen mit dem *esse* (sein): „*Das Sein ist Gott.*"[202] Dies mag zunächst als Widerspruch erscheinen, dieser vermeintliche Widerspruch lässt sich jedoch schnell auflösen: Gott ist lediglich im Vergleich zum natürlich, kreatürlich Seienden „Nichts"; das Seiende erweist sich aber als wesentlich kontingent und ‚nichtig‘, weil es sein Sein nicht aus sich selbst heraus besitzt, sondern von Gott geliehen hat und insofern von Gott radikal abhängig ist. Da aber Gleiches nur aus Gleichem hervorgehen kann, muss Gott selbst das Sein sein, dem sich das Seiende – oder genauer: das Seiendsein des Seienden – überhaupt erst verdankt. Im Vergleich zur Vollkommenheit göttlichen Seins ist das bloß kontingent Seiende nichtig, an sich nichts. Außerhalb des solcherart als absolut bestimmten Seins kann es aber kein anderes Sein geben, denn dann wäre es nicht mehr absolut, und Gott als Sein wäre nicht mehr Gott, da unvollkommen: „… außerhalb des Seins und vor dem Sein ist allein das Nichts. Wenn also das Sein etwas anderes als Gott und Gott fremd ist, wäre Gott nichts, oder, wie oben, wäre er von etwas anderem als er und etwas Früherem als er."[203] Dann aber ist Gott mit Sein identisch, außer ihm ist nichts, und deshalb ist streng genommen das Seiende nichts. Dementsprechend lässt sich Schöpfung als *creatio ex nihilo* verstehen: Gott schafft das Seiende aus dem Nichts.

Wenn Gott nun aber kein Seiendes ist, kein „Dies und Das", und wenn er auch keine Substanz ist, dann ist er nicht im Sinne einer Ding- oder Substanzontologie zu denken. Eckharts Konzept meidet folglich eine Gott zu einem „höchsten Seienden" oder „höchsten Wesen" verdinglichende Onto-Theologie, die vor allem Martin Heidegger der theologischen Tradition zugeschrieben und kritisiert hatte. Eckhart denkt Gott als Sein vielmehr in ontologischer Differenz zum Seienden; er denkt Gott als Identität von Sein und Erkennen, als Dynamik und Prozess sowie als Geschehen, als Ereignis.

Die *creatio* (Schöpfung) durch Gott unterscheidet sich von *factio* (Hervorbringen) im Bereich der Natur, denn erstens unterliegt Schöpfung nicht dem Kausalitätsprinzip, und zweitens handelt es sich nicht um ein Herstellen aus einem vorliegenden Material etwa im Vergleich zum „Schaffen" eines Künstlers oder Baumeisters:

„Man darf sich also nicht die falsche Vorstellung machen, als hätte Gott die Geschöpfe aus sich herausgesetzt oder als hätte er außerhalb seiner in einer Art Unbegrenztem oder Leerem geschaffen. Das Nichts nimmt ja nichts auf und kann weder Träger für etwas noch Begrenzung oder Ziel für irgendwelches Wirken sein … Also schuf Gott alles nicht nach Art anderer Schaffender so, dass es außer, neben und jenseits von ihm bestünde, sondern er rief es aus dem Nichts, das heißt aus dem Nichtsein, zum Sein, das es in ihm finden, empfangen und haben sollte. Denn er ist das Sein. Deswegen heißt es treffend, nicht vom Urgrund (weg), sondern *im Urgrund* habe Gott geschaffen."[204]

Gott schafft also durch ein Hervorgehen, eine *emanatio* (ein Fließen aus sich heraus), nicht durch ein *facere* (machen, hervorbringen). Dieses Hervorgehen fasst Eckhart – modern formuliert – als Sprechakt auf: Gott spricht ein Wort, und darin setzt Gott zugleich Wirklichkeit. Dieser Gedanke des die Wirklichkeit konstituierenden Sprechens im Sinne einer Sprachhandlung, der in der Sprechakttheorie des 20. Jahrhunderts unter dem Stichwort der Performativität von Sprachhandlungen thematisiert wird, hat zum einen die Identität von Sein und Intellekt bzw. Erkennen zur Voraussetzung, da Sprache nicht nur als Vermögen der Kommunikation, sondern auch als Modus des Erkenntnisvermögens aufgefasst werden kann. Zum anderen liegt der These der Konstitution von Wirklichkeit durch Sprache die These der Identität von Sprache und Handlung zugrunde.

Im Aussprechen des Wortes setzt Gott allerdings nicht allein Wirklichkeit, sondern er setzt die Differenz aus sich heraus, die in ihrem Hervorgehen aus Gott zwar von ihm unterschieden, aber nicht völlig geschieden ist. Damit ist die von Gott geschaffene Wirklichkeit keine von Gottes Sein getrennt existierende Realität, sondern ein kreatürlich Seiendes, das mit Gottes Sein identisch ist, von diesem aber in seiner Geschaffenheit zugleich abhängig und dahingehend unterschieden. Diese Verhältnisbestimmung der Identität in Differenz bzw. „ununterschiedenen Unterschiedenheit" verhindert sowohl einen dualistisch anmutenden „Hiatus" zwischen Gott und geschaffener Wirklichkeit als auch einen pantheisierenden Monismus, der Gott und Geschaffenes in eins setzt.

Eckhart begreift nun jenes Herausfließen des Seienden aus dem göttlichen Sein auch als Geburt: Gott gebiert in sich ein Anderes, das jedoch nie gänzlich getrennt, sondern von ihm umfangen ist und in ihm wachsen kann, wie eine Mutter ihr Kind austrägt in einem Prozess des Wachsens und Reifens und gebiert, also aus sich heraus setzt. Man könnte dieses geburtliche Hervorgehen auch als Teilhabegedanke deuten, doch Eckhart interpretiert diese Teilhabe nicht im Sinne der neuplatonischen Tradition als Stufenbau bzw. Seinshierarchie. Gott ist vielmehr als Allgemeinheit im Einzelnen enthalten: „… weil Gott, der ganz und gar Sein ist, einfach einer oder eines ist, muss er in seiner Ganzheit unmittelbar dem einzelnen ganzen Ding gegenwärtig sein, das heißt nicht einem Teil nach dem anderen, auch nicht einem Teil durch den anderen …"[205]

Die Schöpfung als Hervorgehen im Verhältnis einer Einheit in Vielheit entspricht laut Eckhart dem innertrinitarischen Verhältnis: Gottvater spricht sich selbst aus als sein Wort, das zugleich sein Bild ist und gebiert so den Sohn. Vater und Sohn sind durch den Geist, traditionell das „Band der Liebe" zwischen Vater und Sohn genannt, miteinander verbunden. Damit stehen Vater, Sohn und Geist (als Personifikation der göttlichen Liebe) in einer Relation. Beziehung aber schließt Differenz ein. Die Möglichkeit der Beziehung jedoch ist identisch mit Personalität; Vater, Sohn und Geist sind in ihrer Relation zueinander Personen. Diese Relation wiederum ist nichts anderes als Liebe. Gott selbst ist somit als Identität in Differenz bestimmt, als Einheit der Gottheit bzw. des göttlichen Grundes, als Dreiheit der Personen, die im göttlichen Grund eins sind. Eckhart unterscheidet also zwischen dem dreifaltigen Gott und dem absolut einen göttlichen Grund, der Gottheit noch jenseits der Differenzierung der göttlichen Personen.

Eckhart stellt nun heraus, dass dieser Gott ein „ich" ist bzw. dass die Bezeichnung „ich" im eigentlichen Sinne nur Gott eigen in seiner Einheit und nur durch ihn ausgesagt werden kann – dies zeigt schon der Name JHWH in der Übersetzung „ich bin der ich bin". Die Selbstbezeichnung „ich" ist allerdings laut Eckhart kein Name, das Wort „ich" zielt auf die Vollkommenheit der Benennung „ich", ist also Pronomen.[206] Folglich ist der Name JHWH ein namenloser Name, die Bezeichnung „ich" bezeichnet dann aber letztlich hinsichtlich derjenigen, denen Gott sich selbst in Form von „Ich"-Aussagen offenbart, die Unaussprechlichkeit Gottes, da die Selbstbezeichnung „ich" nicht in eine „Er"-Aussage transformiert werden kann, folglich auch Gott nicht zugesprochen werden kann. „Ich" ist keine Eigenschaft Gottes, sondern dessen ureigenes Sein; insofern Gott ist, insofern ist er „ich bin der ich bin".

Was meint aber das „ich", das Gott ist? „Ich" bezeichnet die Unbeweglichkeit und Unberührbarkeit, letztlich die Lauterkeit des göttlichen Grundes, in dem Gott keiner Benennung noch Aussage unterworfen ist. Zum anderen meint „ich" die Bezeugung eines Seienden im Sinne der Seinsheit; Eckhart spricht dabei auch von reiner Substanz, allerdings nicht im aristotelischen Sinne.[207] Mit „Substanz" will Eckhart die Reinheit des Seins zum Ausdruck bringen, die gleichzeitig Reinheit und Lauterkeit ist. Nur in diesem Sinne ist Gott als Substanz zu bezeichnen. Ansonsten ist „ich" „... kein ‚Ding', keine bestimmte Form, es ist nicht einmal ein Seiendes ... Im ‚bin' ist ‚ich' in gewisser Weise das ‚Subjekt' von all diesen und transzendiert sie doch alle ... Als ‚Subjekt' ist dieses ‚ich' ohne Bestimmung und ohne Subjekt, es ist ausdehnungslos. Diese Ausdehnungslosigkeit ist aber zugleich eine Leere ... Diese Leere als Wesen des ‚ich' trägt in der Predigt ‚Nolite timere eos' den Namen *gotheit*."[208] So gesehen ist das „ich" als *subiectum* Gottes nicht identisch mit den göttlichen Personen, sondern deren Grund. Es ist Subjekt, das sich zugleich in die Personen ausdifferenziert, Identität in der Ausfaltung zur Trinität.

Wenn nun aber nur Gott „ich" im eigentlichen Sinne ist, weil er allein Sein ist, das im Vergleich zum Seienden nichts ist und mit dem verglichen Seiendes nichts ist, dann ist im „ich" Gottes dessen Sein mit eingeschlossen. Und wenn in Gott Sein und Erkennen identisch sind, dann impliziert das göttliche „ich" genau jene Einheit von Sein und Erkennen. Im „ich bin" Gottes ist das „ich erkenne" mitgesetzt und umgekehrt im „ich erkenne" das „ich bin". Deshalb kann Eckhart das göttliche „ich" nicht nur mit dem Sein, sondern auch mit dem Intellekt identifizieren.

Dieses Gottesverständnis wird nun wiederum in Bezug zur Lehre vom Seelengrund gesetzt, denn Eckharts Verständnis vom Seelengrund entspricht seinem Gottesverständnis. Gott und Seelengrund sind Sein und Intellekt, doch weder Ding noch Substanz. Sie sind unsagbar und namenlos, bildlose Reinheit und Lauterkeit. Gott und Seelengrund entsprechen einander. Denn ist die Identität des „ich bin" zwar im eigentlichen Sinn nur von Gott aussagbar, weil diese Identität Vollkommenheit voraussetzt und nur Gott vollkommen ist, so ist „ich bin" dennoch auch vom Menschen aussagbar, und zwar deshalb, weil der Mensch in seinem Grund mit Gott geeint ist. Diese Einung verleiht dem Menschen sein Sein, aufgrund dessen er „ich bin" sagen kann: Auch der Seelengrund ist „ich", aufgrund dessen das menschliche Selbst formulieren kann: „Ich bin". Der Seelengrund ist das „ich" des Menschen, Möglichkeitsbedingung des „Ich"-Sagens. Als solche ist er nicht nur zeit- und ortlos, sondern vor allem auch jenseits von Vorstellungen und Bildern, folglich jenseits vorstellenden Denkens. Die intuitive, vorreflexive Gewissheit des „ich bin und nicht vielmehr nicht", fällt mit genau jenem „Ichsein" des Seelengrundes zusammen: Der Grund ist „ich" aufgrund des in ihm sich gebärenden göttlichen „ich", und dieses „Ichsein" ist dem menschlichen Selbst immer schon gegeben. Präreflexiv weiß es darum, diskursiv vollzieht es diese vorreflexive Erkenntnis nach in der Aussage „ich bin". Der Grund als „ich" ist Möglichkeitsbedingung der Selbsterkenntnis und darin auch der Welt- und Gotteserkenntnis. Der Grund ist damit auch

Möglichkeitsbedingung jeden „Ich"-Sagens. Zugleich ist er für Eckhart aber auch Seinsgrund, denn das „ich", welches der Seelengrund ist, verdankt sich nicht selbst, sondern ist radikal abhängig von dem Sein, das ihm sein Sein nur geliehen hat: dem göttlichen Sein. Im menschlichen „ich" zeigt sich das göttliche „ich" als Eines und Unterschiedenes zugleich, als „ununterschiedene Unterschiedenheit" und „unterschiedene Ununterschiedenheit", nicht-andere Andersheit und andere Nicht-Andersheit.

Aus der Entsprechung von göttlichem Grund und Seelengrund ergibt sich jedoch die Frage: Sind göttlicher Intellekt und intellektiver Grund der Seele identisch, oder handelt es sich um eine Identität in Differenz? Die Antwort auf diese Frage ist entscheidend für die Einschätzung, ob die Seelengrundlehre Eckharts zu einem Pantheismus bzw. Monismus führt oder nicht. Daraus lassen sich dann auch Einschätzungen darüber ableiten, ob Eckhart die Differenz zwischen Gott und Mensch und folglich auch die bleibende Einmaligkeit des menschlichen Selbst in der Einung mit Gott bis hin zur individuellen Unsterblichkeit kennt oder nicht. Die Antworten auf jene Fragen liefert Eckharts Bildverständnis, das bereits erläutert worden ist. Dass die Mystik keinen Pantheismus vertritt, lässt sich insbesondere an Margeruite Porêtes Ausführungen über das Spiegelsein der Seele sowie an Meister Eckharts Überlegungen zum Bildsein des Seelengrundes zeigen. Denn die Bezeichnung des Grundes als Spiegel bzw. als Bild Gottes markiert eine Differenz in der Identität von Seelengrund und Gott, die den Pantheismus meidet. Das Bild, das die Seele aufgenommen hat und das ihr eingedrückt ist, ist Gabe, Geschenk Gottes, der sich der Seele als Bild, als Spiegel eingegossen hat. Demgemäß wurzelt das Bildsein des Menschen nicht in den drei Seelenvermögen, in denen Augustinus noch das Bild Gottes als Bild der göttlichen Trinität bestimmt hatte, sondern jenseits der Seelenvermögen. Das heißt: Gott teilt sich im Bild, das der Grund ist, unvermittelt mit, ohne die Vermittlung des Willens oder des diskursiven Erkennens, aber auch ohne Vermittlung anderer, äußerlicher Bilder. In dieser Abkünftigkeit von Gott ist der Grund Bild Christi und damit Gottes.

Noch ein weiterer Aspekt macht im Übrigen deutlich, dass die Identität von Seelengrund und Gott als ein Modell der Identität in der Differenz gedacht wird: Die Identität von Gott bzw. Christus und Seelengrund ist zwar einerseits eine Einheit im Sein und der Natur, aber andererseits gewährt Gott diese Einheit im Eingießen und Eingebären in die Seele. Insofern Gott sich in die Seele eingießt, bringt er zugleich den Grund der Seele hervor. Darin aber zeigt sich eine Einheit in der Unterschiedenheit: Gott setzt sich selbst in die Seele als deren Grund, setzt sich als Grund, und dies ist die Einheit von Gott und Grund. Aber insofern er sich *als* Grund setzt, setzt er ein Anderes seiner selbst aus sich heraus, gebiert er ein von ihm Unterschiedenes (dies ist die Differenz in der Einheit, die sich im „als" ausdrückt). In der Gabe, dem Geschenkcharakter des Grundes, unterscheidet sich also der Grund von dem, mit dem er zugleich identisch ist. Auch dies markiert eine Differenz zwischen Gott und Seelengrund in bleibender Identität.

Der Vorwurf des Pantheismus greift also zu kurz. Denn personale und apersonale Gottesbilder stehen weder nur nebeneinander noch sind sie hierarchisch geordnet etwa derart, dass hinter oder über dem personal gedachten Gott eine unpersönliche, all-eine Gottheit stünde. Personale und apersonale Gottesbilder greifen vielmehr ineinander, sind wechselseitig aufeinander bezogen – man denke etwa an das Beispiel der Liebe: Gott ist Liebe, aber dies immer und zugleich als liebende Person. Dieses Ineinander von personalen und apersonalen Gottesbildern ist nicht zufällig, sondern Ausdruck eines Gottesverständnisses, das Gott weder als „über der Welt hockendes Wesen" und somit anthropomorph fasst noch als unpersönlichen Energiestrom oder als all-einen Weltgrund und Ursprung. Gott ist kein unveränderliches und starres Ding, kein höchstes Seiendes. Umgekehrt ist er aber auch keine anonyme Ursprungskraft, die alles durchwaltet und aus der alles stammt. Gott ist für die christliche Mystik ein Sein, welches dynamischer Vollzug, Ereignis ist – daher die Metaphorik des Fließens, des Feuers, der Energie, der Kraft, des Begehrens. Doch als dieses Ereignis ist Gott zugleich Person, ein der Seele Anderes, ein Gegenüber, das sich aber unaufhörlich und unmittelbar auf diese bezieht, mit ihr in einem Beziehungsverhältnis steht, ihr entgegenkommt und begegnet. Oder anders formuliert: Die Gottheit ist immer und zugleich Gott – und dies in der Dreiheit der Personen, umgekehrt ist der trinitarische Gott immer und zugleich „fließendes Licht der Gottheit", göttlicher Grund. Das heißt: Die drei Personen sind nicht quasi nachfolgende Ausfaltungen der einen Gottheit, keine bloßen Erscheinungsformen des göttlichen Grundes, keine Modi einer all-einen Substanz. Gottheit und Gott gehören untrennbar zueinander. Die Gottheit setzt sich als Person in ein Bezugsverhältnis zu denen, die sie geschaffen hat, deren Ursprung und Grund sie ist. Genau dieser Gedanke kommt in der paradox anmutenden Formulierung von der anderen Nicht-Andersheit und nicht-anderen Andersheit bzw. in der Benennung *Loingprés* zum Ausdruck: Gott ist insofern Alles in Allem, als er allem als Grund innewohnt, als er der Seele Innerstes ist, als er das Sein ist, neben dem es kein anderes Sein geben kann, denn dann wäre er nicht mehr das absolute Sein und somit nicht Gott. In dieser Hinsicht ist Gott der Nicht-Andere: Gott ist der Seele Grund und ihr ganz zu Eigen. Damit thront Gott nicht über den Himmeln, ist kein anthropomorpher Weltenherrscher, keine äußere Macht. Gott ist in allen und allem gegenwärtig, aber er ist zugleich der absolut Andere von Allem, was geschöpflich seiend ist. Denn alles verdankt sich ihm, hat sein Sein von ihm verliehen bekommen, wurde von Gott ins Sein gesetzt. Die Mystik vertritt somit weder einen Anthropomorphismus einerseits noch einen platten Pantheismus bzw. Modalismus andererseits, sondern ein Gottesverständnis, das Gott zum einen als den Nahfernen, Anwesend-Abwesenden begreift, und zum anderen als differenzierte Einheit, als Identität in Differenz, als die eine, dynamische, fließende Gottheit in der Dreiheit der Personen.

Es könnte nun bislang der Eindruck entstanden sein, dass in der Mystik ein Quietismus und Solipsismus vertreten wird, eine Reduktion des Menschseins auf die „reine Innerlichkeit", den Weg nach innen und die Schau Gottes im Inneren der Seele. Dieser Eindruck täuscht allerdings. Mystikerinnen und Mystiker stellen die Einheit von *vita contemplativa* und *vita activa*, Theorie und Praxis, Erkennen und Handeln heraus, und dieser Einheit gilt es im Folgenden etwas nachzugehen.

Die Einheit von vita contemplativa und vita activa

Dass Theorie und Praxis zueinander gehören, zeigt bereits der Ausgangspunkt des mystischen Weges: Häufig ist das auslösende Moment zur Selbstreflexion und zum Weg nach innen eine bestimmte spirituelle Praxis, etwa das Gebet, die Liturgie oder anderes. Ebenso können manche asketische Praktiken und geistliche Übungen bzw. Meditationen Auslöser für den mystischen Weg sein. Schließlich kann auch eine konkrete Alltagserfahrung zur Selbstreflexion motivieren oder eine Erfahrung von Lust oder Schmerz bzw. Krankheit. Insofern ist der mystische Weg ohne seine Wurzel in einer bestimmten Praxis undenkbar.

Darüber hinaus ist zu betonen, dass die Selbstreflexion wie die mystische Erkenntnis als Erkennen selbst immer schon ein Tun, eine Praxis ist: Erkennen und Handeln sind keineswegs entgegengesetzt, sondern bedingen sich gegenseitig: Handeln ist reflektiertes Handeln, umgekehrt Erkennen schon als Vermögen des erkennenden Subjekts ein Tun eben jenes Subjekts. Wer also den mystischen Weg als

Weg einer besonderen Erkenntnisform beschreitet, vollzieht schon eine bestimmte Praxis.

Schließlich führt die mystische Erkenntnis wiederum zu einer Praxis. Aus dem Erkennen resultiert eine konkrete Praxis – und zwar mit Notwendigkeit, wie etwa Teresa von Avila herausstellt. Die mystische Schau als Schau der göttlichen Liebe im Vollzug der Liebe setzt mit Notwendigkeit aus sich heraus eine Praxis, die durch die Liebe bestimmt ist: die Liebe zum Nächsten als Zeichen der Liebe Gottes. In dieser Praxis zeigt sich allererst die *unio mystica*, der Vollzug der Einheit von göttlichem und menschlichem Willen: „Werke will der Herr! ... Dies ist die wahre Vereinigung mit seinem Willen.“[209] Und in einer Anspielung auf Lk 10,38–42: „Glaubt mir, Martha und Maria müssen beisammen sein, um den Herrn beherbergen zu können und ihn immer bei sich behalten zu können, sonst wird er schlecht bewirtet sein und ohne Speise bleiben.“[210]

In der Praxis haben die Mystikerin, der Mystiker Zeugnis abzulegen von dem, was sie erkannt haben; in der Praxis als Praxis der Nachfolge Jesu bezeugen sie das, was sie geschaut, erspürt haben, was ihnen begegnet ist; im Tun sollen sie das weitergeben, was sie erfahren haben. In besonderer Art und Weise kommt dieser ethisch-praktische Aspekt der Mystik bei Margeruite Porête und bei Meister Eckhart zum Tragen, nämlich in ihren Überlegungen zum Ledig- und Freisein der Seele bzw. zur Abgeschiedenheit und Gelassenheit der Seele.

Das Ledig- und Freisein bzw. die Abgeschiedenheit und Gelassenheit der Seele sind zum einen eine Haltung, die das Sinken in den Seelengrund ermöglicht. Als solche sind sie Tugenden und damit von ethischer Bedeutung. Zum anderen handelt es sich um „Eigenschaften“ des Seelengrundes selbst; der Grund selbst ist ledig und frei. Dabei ist letzteres, das Ledig- und Freisein der Seele in ihrem Grund, Möglichkeitsbedingung von ersterem – des Ledig- und Freiseins als ethische Haltung des Selbst. Da aber umgekehrt die Haltung der Ledigkeit auch Bedingung der Möglichkeit für das Sinken in den Grund ist, handelt es sich hier letztlich um ein zirkuläres Verhältnis. Dennoch wird deutlich, dass eine mystische Ethik der Freiheit – mit Eckhart gesprochen: eine Ethik der Gelassenheit – in einer Ontologie der Gelassenheit und Freiheit wurzelt, ist sie doch dem Seelengrund zu Eigen und als solche Grund der Tugenden.

Intendiert ist nun das Ledig- und Freiwerden von allen Dingen und Bildern. Das impliziert auch das Freiwerden, das Entbilden von den Bildern, die ich von anderen Menschen, aber vor allem auch von mir selbst habe; dementsprechend schließt die Entbildung des Selbst das Freiwerden von der Bindung an das Selbst an, da das „Haften am Selbst" identisch ist mit dem „Haften" an den Bildern und Vorstellungen, die das Selbst von sich macht und von sich hat. Das Selbst muss sich also von sich selbst abscheiden, muss „zunichte" werden, muss ablassen von der Vorstellung seiner selbst, folglich von der Selbstreflexion, dem Denken seiner selbst, weil auch die Selbstreflexion noch an Bilder, Spiegel seiner selbst, gebunden ist. An dieser Stelle ist allerdings darauf hinzuweisen, dass das Ledig- und Freiwerden, das „Zunichtewerden" der Seele, weder Weltflucht noch die selbstzerstörerische Auflösung des Ich intendieren. Hinsichtlich des Freiwerdens von den Dingen ist zwischen einem „Bei-den-Dingen-Stehen" und einem „In-den-Dingen-Stehen" zu differenzieren. Letzteres hat Unfreiheit zur Folge, ersteres dagegen lässt die Dinge, ohne ihnen zu entfliehen. Das heißt: Das Lassen der Dinge ist gleichbedeutend mit einem „Nicht-besitzen-Wollen" und „Nicht-beherrschen-Wollen" der Dinge, aber meint auch ein „Nicht-beherrschen-Lassen" durch die Dinge, genauer: durch das übersteigerte Begehren der Dinge, welches das Selbst nicht befreit, sondern knechtet. Damit ist jedoch keine verabsolutierte, lust- und genussfeindliche Entsagung intendiert, sondern lediglich die „rechte" Haltung zu den Dingen. Diese Gelassenheit zu den Dingen umfasst auch eine Haltung des Besorgtseins, der Sorge um und für die Dinge, welche gerade aus der Haltung der Gelassenheit heraus möglich ist. Andernfalls wäre nicht die Sorge um, sondern das Verfügenwollen über die Dinge Leitlinie des Handelns. Auch hier zeigt sich, inwiefern das Ledig- und Freisein in besonderer Art und Weise als Maßstab der Praxis und damit als ethischer Maßstab fungiert.

Das Ablassen von den Dingen und das Zulassen der Dinge weisen jedoch auf ein Weiteres hin: Das ledige und freie Selbst ist kein egozentrisches, um sich kreisendes Selbst, das über Anderes verfügen und dieses, beispielsweise durch das begriffliche Denken, beherrschen, kontrollieren möchte. Es entsagt dem „Haften an den Dingen" und damit dem Herrschen über die Dinge und lässt diese in ihrem Sein zu. Ebenso entsagt es dem begrifflichen Denken, denn in der Ledigkeit entsagt es allen Bildern, Begriffen und Vorstellungen, mithin jeglichem Denken. Genau darin wird es letztlich sich selbst zunichte: „Wer ihn [Gott, S. W.] ganz empfangen soll, der muss sich selbst ganz aufgeben und sich seiner selbst ganz entäußert haben; so einer empfängt von Gott alles, was Gott hat, ganz gleich ebenso zu Eigen, wie der es selbst hat und Unsere Frau und alle die, die im Himmelreiche sind: Das gehört solchen ebenso gleich und ebenso eigen zu. Die so gleichmäßig sich entäußert und sich selbst aufgegeben haben, die werden auch Gleiches empfangen und nicht weniger."[211]

Jenes Ledig- und Freiwerden ist durch das Ledig- und Freisein des Grundes ermöglicht, der in sich leer und bildlos, also „ledig" ist. Genau deshalb ist auch die Erkenntnis, die sich im Grund vollzieht und zugleich durch ihn ermöglicht ist, selbst unvermittelt durch Bilder, „entbildet", vorreflexiv. Aber aufgrund der Ledigkeit des Grundes bedeutet wahre Freiheit auch das Ablassen von allen Vorstellungen des Ich, den Versuch, den Grund begrifflich erfassen zu wollen, ihn repräsentieren zu können. Insofern impliziert das Ledig- und Freisein der Seele die Achtung des Geheimnisses des Seelengrundes, des Geheimnisses, das „ich" mir selbst bin. Letztendlich aber ist Gott selbst wie der mit ihm geeinte

Grund ledig und frei, bildlos und lauter, und wahrhafte Freiheit bedeutet deshalb vor allem auch das Ablassen, das Abscheiden von allen Gottesbildern, von allen Vorstellungen über Gott und den göttlichen Grund – also in letzter Konsequenz die Achtung des göttlichen Geheimnisses. Um Gottes willen, so lässt sich in einer Diktion Meister Eckharts formulieren, muss Gott gelassen werden, d. h. alle Bilder, die wir uns von ihm machen, die göttlichen Personen sogar, um in den göttlichen Grund sich senken zu können, in die Einfalt der Gottheit jenseits der Dreifalt der Personen. Wer Gott lässt, wird Gott gewinnen. Das in Freiheit sich vollziehende Bildwerden, zu dem das Selbst aufgefordert ist, schließt folglich eine ikonoklastische Tendenz mit ein, ein Entbilden von allen Bildern, um wahrhaft Bild sein zu können.

Bezeichnen die beiden Begriffe „Abgeschiedenheit" und „Gelassenheit" letztlich dasselbe, so differieren sie doch in der Ausrichtung: Der Abgeschiedenheit eignet eher ein aktives, der Gelassenheit nicht nur ein aktives, sondern vor allem auch ein passives Moment. Denn „sich abscheiden" setzt Aktivität des abscheidenden Selbst voraus, „gelassen sein" dagegen im Sinne eines „ablassen von" setzt Aktivität, im Sinne eines „gelassen sein zu etwas" voraus, aber als „zulassen" Passivität. Die Einung braucht beides: Aktivität und Passivität, und beides kommt im Grunde zusammen.

Margeruite nennt die Haltung der Freiheit auch Armut bzw. Einfachheit; Eckhart formuliert dies so: Das „ist ein armer Mensch, der nichts *will* und nichts *weiß* und nichts *hat*."[212] Das bedeutet: Wie der Grund der Seele jenseits ihrer Vermögen liegt, jenseits von Wille bzw. Liebe und Erkenntnis, so ist der wirklich Arme und Gelassene derjenige, der seinen Willen, sein Erkennen lassen kann, aber auch sein Besitzenwollen. Insofern bedeutet Armut, nicht mehr am „selbstischen Ich"[213] festzuhalten. Margeruite Porête spricht nun allerdings auch davon, dass die Seele als freie und vernichtete Seele, als *âme adnientie*, alle äußeren Tugenden lassen muss, weil die zernichtete Seele keiner Tugenden mehr bedarf, ja keine mehr besitzen kann, wenn sie zu nichts geworden ist. Das widerspricht jedoch keineswegs der Definition des Ledig- und Freiseins bzw. der Armut als Haltung, also gewissermaßen als Tugend. Denn die Seele soll aller äußeren Tugenden, mithin äußeren Abhängigkeiten ledig werden, dadurch wird sie wahrhaft frei, weil sie sich aus heteronomen Verhältnissen – auch sich selbst gegenüber – löst. Als innere Haltung jedoch bleiben Ledigkeit, Freiheit, Armut bestehen, ebenso wie die Seele sich nicht in Nichts auflöst, sondern eine neue Identität findet in der Einung mit Gott.

Die Mystikerinnen und Mystiker fordern also eine Einheit von Kontemplation, dem mystischen Weg der Erkenntnis, und Praxis, dem Handeln in der Nachfolge dessen, was sie erkannt haben: die Liebe Gottes – oder besser: in der Nachfolge, dessen, den sie erkannt haben und dem sie begegnet sind: dem Mensch gewordenen Gott. Mystik bedeutet also keineswegs Rückzug in den Elfenbeinturm, quietistische, verinnerlichte Frömmigkeit ohne praktische Bedeutung. Die Einheit von Theorie und Praxis erstreckt sich also keineswegs nur auf eine Praxis der Spiritualität und der Frömmigkeit oder auf eine bloß privatistisch-caritativ gedachte Nächstenliebe, sie erstreckt sich vielmehr auch auf den Bereich einer konkreten öffentlichen, politischen Praxis. Zielt nun der mystische Weg auf eine konkrete Praxis ab, so wirkt die Praxis umgekehrt auf den Weg des mystischen Erkennens zurück: als Anstoß, als Herausforderung, als Widerstand. Es handelt sich also genau besehen um einen Zirkel und um ein wechselseitiges Verhältnis von mystischer Theorie und mystischer Praxis. Dementsprechend kann man mit Dorothee Sölle formulieren,

>„… dass Mystik auch dort, wo sie sich extrem individualistisch gibt, der Gemeinschaft fähig macht. Sie muss und will heraus aus der Privatisierung der Freude, des Glücks, des Einsseins mit Gott. Der Tanz der Gottesliebe kann

nicht allein getanzt werden. Er bringt Menschen zusammen. Die Gemeinschaftlichkeit Gottes ... bringt Menschen heraus aus der als harmlos angesehenen ,rein religiösen' Betätigung. Das Verständnis von menschlicher Würde, von Freiheit, von Gottfähigkeit oder von dem Funken lässt sich nicht auf einen religiösen Spielraum einschränken, in dem es erlaubt ist, der Gottheit zu dienen oder sie zu genießen, nicht aber, sie mit den achtzig Prozent der Überflüssigen zu teilen."[214]

„Keine Gotterfahrung lässt sich so privatisieren, dass sie Besitz der Besitzer, Privileg der Mußehabenden, esoterischer Bereich der Eingeweihten bleibt. Suche ich nach Begriffen, die die mögliche Weltbeziehung der Mystiker benennen, so stoße ich auf eine Reihe verschiedener Möglichkeiten, die zwischen dem Rückzug von der Welt und ihrer revolutionären Veränderung anzusiedeln sind. Aber ob es sich um einen Rückzug, die Verweigerung, die Nichtübereinstimmung, die Abweichung, den Dissens, die Reform, den Widerstand, die Rebellion oder die Revolution handelt – in all diesen Formen steckt ein Nein zur Welt, wie sie jetzt ist ... Denn wer will, dass die Welt so bleibt, wie sie ist, hat schon in ihre Selbstzerstörung eingewilligt und so die Gottesliebe mit ihrem Ungenügen am Gegebenen verraten."[215]

Keine Praxis aber kommt aus ohne das Moment der Reflexion, der Meditation, der Erkenntnis – nochmals Sölle: „Die ,Hinreise', die in Meditation und Versenkung angetreten wird, ist die Hilfe der Religion auf dem Weg der Menschen zu ihrer Identität. Christlicher Glaube akzentuiert die ,Rückreise' in die Welt und ihre Verantwortung. Aber er braucht eine tiefere Vergewisserung als die, die wir im Handeln erlangen: eben die ,Hinreise'."[216]

108

Anmerkungen

[1] Vgl. K. Rahner, Frömmigkeit früher und heute, in: ders., Schriften zur Theologie. Bd. 7, Einsiedeln 1971, 11–31, hier: 22.

[2] Dabei wird keineswegs übersehen, dass es nicht nur mittelalterliche Mystik gibt; Mystik ist auch in der Neuzeit und der Moderne zu finden, im 20. Jh. etwa bei Rainer Maria Rilke, Simone Weil oder Dag Hammarskjöld. Die Grundmotive christlicher Mystik lassen sich jedoch meines Erachtens am besten im Rückgang auf die Traditionen der „Hochzeit" christlicher Mystik vermitteln, also im Rekurs auf Traditionen mittelalterlicher Mystik. Moderne Mystikerinnen und Mystiker haben die Grundmotive, die in der mittelalterlichen Mystik formuliert worden sind, übernommen und unter moderner Perspektive modifiziert und weitergeführt.

[3] Es gibt Eckhart-Forscher, die Meister Eckhart nicht als Mystiker verstehen, sondern als Scholastiker, so z. B. Kurt Flasch, der nach eigenen Worten versucht, Eckhart „aus dem mystischen Strom zu retten". Ich bin jedoch der Überzeugung, dass Eckhart der Tradition spekulativer Mystik hinzugerechnet werden kann. Flaschs Ausgrenzung basiert auf einem Verständnis von Mystik, das diese als nichtrationales Phänomen interpretiert. Aufgrund dieses reduzierten Mystikverständnisses vertritt Flasch einen Gegensatz zwischen Mystik und Scholastik. Diese Verhältnisbestimmung ist keineswegs zwingend, da auch scholastische Autoren durchaus mystische Gedanken kennen (so etwa Thomas von Aquin in seinen Überlegungen zur „visio beatifica") und umgekehrt Mystiker auf scholastische Spekulationen zurückgreifen wie z. B. auf die Intellektlehre.

[4] Manche Leserin, mancher Leser wird einige Mystikerinnen und Mystiker vermissen, die nicht minder bedeutsam sind, so etwa Johannes vom Kreuz, Caterina von Siena, Angela da Foligno und Julian of Norwich, oder auch Bernhard von Clairvaux und die Viktoriner. Die Auswahl erhebt denn auch keinen Anspruch auf Vollständigkeit, sondern hat einen repräsentativen Charakter: Die im Folgenden zitierten Mystikerinnen und Mystiker veranschaulichen die wichtigsten Strömungen christlicher Mystik.

[5] Im Anhang finden sich neben einem Glossar ein kurzer Abriss der Geschichte christlicher Mystik sowie biographische Angaben zu den Mystikerinnen und Mystikern, die in dieser Einführung zu Wort kommen.

[6] Vgl. zu dieser naturalistischen Erklärung von Mystik z. B. E.

D'Aquili/G. Eugene/A. B. Newberg, The Mystical Mind. Probing the biology of Religious Experience, Minneapolis 1999; dies., Why God won't go away, New York 2001.

[7] D. Hammarskjöld, Zeichen am Weg. Das spirituelle Tagebuch des UNO-Generalsekretärs, München 2001, 87. 142 f.

[8] Vgl. hierzu z. B. B. McGinn, Die Mystik im Abendland. Bd. 1: Ursprünge, Freiburg–Basel–Wien 1994, 381–482.

[9] Vgl. z. B. A. M. Haas, Gott leiden – Gott lieben. Zur volkssprachlichen Mystik im Mittelalter, Frankfurt a. M. 1989, 36 ff.

[10] Vgl. zu dieser Einteilung etwa S. Katz, Language, Epistemology, and Mysticism, in: ders. (Hg.), Mysticism and Philosophical Analysis, New York 1978, 23 f.

[11] F. Heiler, Das Gebet. Eine religionsgeschichtliche und religionspsychologische Untersuchung, München ⁵1923, 249.

[12] Vgl. zur Wortbedeutung von „Mystik" z. B. ausführlich Haas, Gott leiden – Gott lieben, 29. Vgl. ebenso L. Bouyer, „Mystisch" – Zur Geschichte eines Wortes, in: J. Sudbrack (Hg.), Das Mysterium und die Mystik. Beiträge zur Theologie der christlichen Gotteserfahrung, Würzburg 1974, 57–75.

[13] Vgl. z. B. Haas, Gott leiden – Gott lieben, 44.

[14] K. Albert, Einführung in die philosophische Mystik, Darmstadt 1996, 1.

[15] Vgl. etwa McGinn, Die Mystik im Abendland, 14 f.

[16] Vgl. R. C. Zaehner, Mystik, religiös und profan. Eine Untersuchung über verschiedene Arten von außernatürlicher Erfahrung, Stuttgart o. J., 224. 269 ff.

[17] Vgl. McGinn, Die Mystik im Abendland, 14 f.

[18] Vgl. G. Scholem, Zur Kabbala und ihrer Symbolik, Frankfurt a. M. ⁹1998, 16 ff.

[19] G. Scholem, Die jüdische Mystik in ihren Hauptströmungen, Frankfurt a. M. ⁴1991, 6.

[20] Katz, Language, Epistemology and Mysticism, 26. 46 f.

[21] Vgl. S. Katz, The „conservative" Character of Mystical Experience, in: ders. (Hg.), Mysticism and Religious Traditions. Oxford–New York–Toronto–Melbourne 1983, 20. 30 f.

[22] Vgl. hierzu auch N. Smart, Understanding Religious Experience, in: Katz (Hg.), Mysticism and Philosophical Analysis, 10–21.

[23] Vgl. Scholem, Die jüdische Mystik in ihren Hauptströmungen, 6.

[24] Vgl. zum Folgenden ausführlich S. Wendel, Affektiv und inkarniert. Ansätze Deutscher Mystik als subjekttheoretische Herausforderung, Regensburg 2002, 16–42.

[25] Vgl. C. Albrecht, Das mystische Erkennen. Gnoseologie und philosophische Relevanz der mystischen Relation, Bremen 1958, 52 f. 132.

[26] Vgl. z. B. D. Henrich, Bewusstes Leben. Zum Verhältnis von Subjektivität und Metaphysik, Stuttgart 1999; M. Frank, Die Unhintergehbarkeit von Individualität. Reflexionen über Subjekt, Person und Individuum aus Anlass ihrer „postmodernen" Toterklärung, Frankfurt a. M. 1986.

[27] L. Wittgenstein, Tractatus logico-philosophicus. Werkausgabe Bd. 1 Frankfurt a. M. 1984, 85.

[28] Vgl. A. M. Haas, Das mystische Paradox, in: ders., Mystik als Aussage. Erfahrungs-, Denk- und Redeformen christlicher Mystik, Frankfurt a. M. 1996, 110–133.

[29] Meister Eckhart, Die deutschen Werke. Hg. u. übers. v. J. Quint, Bd. 2, Predigt 30, Stuttgart 1971, 656.

[30] Vgl. hierzu z. B. Zaehner, Mystik, religiös und profan.

[31] Manchmal wird auch die Philosophie Nietzsches als Modell einer areligiösen Mystik interpretiert, da es ihm letztlich um die Auflösung des Ichs in der Einheit des Lebens und der ewigen Wiederkehr des Gleichen gehe. Dabei spiele auch die Naturerfahrung eine wichtige Rolle. Diese Interpretation halte ich jedoch für unzutreffend: Im Zentrum von Nietzsches Denken steht keine mystische Einheitserfahrung, sondern die Anerkennung der beiden Prinzipien des Lebens, der ewigen Wiederkehr und des Willens zur Macht.

[32] Eine hervorragende Einführung in die jüdische Mystik bietet immer noch Scholem, Die jüdische Mystik in ihren Hauptströmungen. Zur islamischen Mystik vgl. etwa A. Schimmel, Mystische Dimensionen des Islam, Frankfurt a. M. 1995. Zum Buddhismus vgl. z. B. D. T. Suzuki, Der westliche und der östliche Weg. Über christliche und buddhistische Mystik, Berlin 1995.

[33] Vgl. J. Gerson, Tract. 1,6,28, ed. Cit., 150.

[34] Richard v. St. Viktor, Beniamin minor, in: Die Viktoriner. Mystische Schriften, Wien 1936, 174 f.

[35] Mechthild von Magdeburg, Das fließende Licht der Gottheit, Stuttgart–Bad Cannstatt, 280 (im Folgenden zitiert als: Fließendes Licht).

[36] Conf. III, 6,11.

[37] Vgl. zum *excessus* z. B. Mechthild von Magdeburg: „Sie [die Seele, S. W.] schwingt sich auf wie ein Adler aus der Tiefe in die Höhe." (Fließendes Licht, 28).

[38] Gertrud die Große von Helfta, Gesandter der göttlichen Liebe, Heidelberg 1989, 395 (im Folgenden zitiert als: Legatus).

[39] Fließendes Licht, 216.

[40] Legatus, 15.

[41] Teresa von Avila, Die innere Burg, Zürich 1989, 30 f.

[42] S. B. Spitzlei, Erfahrungsraum Herz. Zur Mystik des Zisterzien-

serinnenklosters Helfta im 13. Jahrhundert, Stuttgart–Bad Cannstatt 1991, 131.

[43] Pr. 74, in: DW III, 554.

[44] Pr. 68, in: DW III, 533.

[45] Pr. 54b, in: DW II, 738.

[46] Pr. 68, in: DW III, 533.

[47] Pr. 72, in: DW III, 548.

[48] K. Rahner, Herz. II. Theologisch, in: Handbuch Theologischer
Grundbegriffe. Bd. 1, München 1962, 691. 695.

[49] Legatus, 15.

[50] Legatus, 320.

[51] Legatus, 53.

[52] Vgl. hierzu z. B. Legatus, 25. 172. 215 f. 243.

[53] Mechthild von Hackeborn, Das Buch der besonderen Gnade, in:
Leben und Offenbarungen der heiligen Mechtildis und der
Schwester Mechtildis (von Magdeburg), Bd. 1, Regensburg 1880,
230 (im Folgenden zitiert als: Liber specialis gratiae).

[54] Vgl. Fließendes Licht, 230.

[55] Vgl. Fließendes Licht, 79. 84.

[56] Fließendes Licht, 87.

[57] Liber specialis gratiae, 346.

[58] Pr. 7, in: DW I, 457.

[59] Vgl. z. B. Pr. 26, in: DW II, 643.

[60] Pr. 54a, in: DW II, 736.

[61] Pr. 5b, in: DW I, 450.

[62] Ebd.

[63] Pr. 2, in: DW I, 436.

[64] Fließendes Licht, 89.

[65] Liber specialis gratiae, 37.

[66] Vgl. z. B. Legatus, 53.

[67] Vgl. z. B. Fließendes Licht, 202.

[68] Vgl. z. B. Liber specialis gratiae, 170 ff. 175. 181. 186.

[69] Fließendes Licht, 141.

[70] Liber specialis gratiae, 197.

[71] Fließendes Licht, 20.

[72] Fließendes Licht, 17.

[73] Hadewijch, Briefe und Lehren, in: Vom göttlichen Reichtum der
Seele. Altflämische Frauenmystik, Düsseldorf–Köln 1951, 54. 57.

[74] Beatrijs van Nazareth, Von den sieben Stufen der Minne, in:
Vom göttlichen Reichtum der Seele. Altflämische Frauenmystik,
Düsseldorf–Köln 1951, 166.

[75] Sieben Stufen der Minne, 166.

[76] Sieben Stufen der Minne, 169 f.

[77] Sieben Stufen der Minne, 174.

[78] Fließendes Licht, 48.

[79] Hadewijch, Das Buch der Visionen, 122.

[80] Buch der Visionen, 92.

[81] Legatus, 388.

[82] Legatus, 145.

[83] Fließendes Licht,19.

[84] Fließendes Licht, 33 f.

[85] Fließendes Licht, 20 f.

[86] Fließendes Licht, 277.

[87] Legatus, 35.

[88] Pr. 38, in: DW II, 679.

[89] Vgl. H. Seuse, Das Leben des seligen Heinrich Seuse, in: ders., Deutsche mystische Schriften, Zürich–Düsseldorf 1999, 182. 205 f.

[90] „Bleib fest in dir selbst, bis du ohne dein eigenes Zutun dir selbst entzogen werdest." (Seuse, Das Leben, 185).

[91] Vgl. Seuse, Das Leben, 188 f.

[92] „Sie [die Seele, S. W.] ruht ganz und gar in dem Nicht und weiß von nichts anderem als dem Sein, das Gott oder das Nicht ist. Sowie sie aber weiß und erkennt, dass sie das Nicht weiß, schaut und erkennt, so ist das eine Rückkehr aus der Versunkenheit und ein Nachsinnen von diesem her auf sich selbst nach der natürlichen Ordnung (der Dinge)." (H. Seuse, Büchlein der Wahrheit, in: ders., Deutsche mystische Schriften, 351).

[93] Vgl. z.B. H. Seuse, Büchlein der ewigen Weisheit, in: ders., Deutsche mystische Schriften, 221. 244 f.

[94] Seuse, Das Leben, 192 f.

[95] Seuse, Büchlein der ewigen Weisheit, 232.

[96] Vgl. J. Tauler, Predigten. Bd. II, Einsiedeln–Trier ³1987, 407.

[97] Vgl. J. Tauler, Predigten. Bd. I, Einsiedeln–Trier ³1987, 15 f.

[98] Vgl. Tauler, Predigten. Bd. II, 336 f.

[99] Vgl. Tauler, Predigten. Bd. I, 104 f.

[100] Tauler, Predigten. Bd. I, 282.

[101] Vgl. z.B. Tauler, Predigten. Bd. I, 185.

[102] Vgl. Tauler, Predigten. Bd. II, 383 ff.

[103] Tauler, Predigten. Bd. II, 392 f.

[104] Vgl. Tauler, Predigten. Bd. II, 332.

[105] Tauler, Predigten. Bd. II, 246.

[106] Vgl. Tauler, Predigten. Bd. I, 411.

[107] Margeruite Porête, Der Spiegel der einfachen Seelen, 1,49–52 (vgl. Marguerite Porête, Der Spiegel der einfachen Seelen, Zürich–München 1987).

[108] Spiegel der einfachen Seelen, 98,5–12.

[109] Spiegel der einfachen Seelen, 21,44.

[110] Teresa von Avila, Die innere Burg, 22.
[111] Die innere Burg, 191 f.
[112] Die innere Burg, 79.
[113] Die innere Burg, 178.
[114] Die innere Burg, 144.
[115] Die innere Burg, 75.
[116] Liber specialis gratiae, 168.
[117] Fließendes Licht, 14.
[118] Fließendes Licht, 20.
[119] Fließendes Licht, 170.
[120] Legatus, 303.
[121] Legatus, 240.
[122] Vgl. Legatus, 263.
[123] Liber specialis gratiae, 195.
[124] Vgl. Liber specialis gratiae, 272. 352.
[125] Hadewijch, Briefe und Lehren, 43.
[126] Hadewijch, Briefe und Lehren, 65.
[127] Hadewijch, Briefe und Lehren, 72.
[128] Pr. 27, in: DW II, 646.
[129] Pr. 52, in: DW II, 731.
[130] Pr. 2, in: DW I, 438.
[131] Pr. 6, in: DW I, 455.
[132] Pr. 16a, in: DW I, 491.
[133] Pr. 69, in: DW III, 538.
[134] Pr. 16b, in: DW I, 493.
[135] Pr. 16a, in: DW I, 491.
[136] Ebd.
[137] Pr. 22, in: DW I, 519.
[138] Pr. 4, in: DW I, 444.
[139] Pr. 13, in: DW I, 481.
[140] Pr. 40, in: DW II, 688.
[141] Pr. 51, in: DW II, 725.
[142] Pr. 4, in: DW I, 444 f.
[143] Vgl. den von Gott gewährten „Spielraum für die freie Willens-
wahl" bzw. den „besten freien Willen" bei Mechthild von Magdeburg (Fließendes Licht, 93. 164).
[144] Vgl. Legatus, 35. 51.
[145] Legatus, 190.
[146] Vgl. z. B. Fließendes Licht, 285.
[147] Vgl. z. B. Liber specialis gratiae, 279.
[148] Vgl. Fließendes Licht, 293. 310. 327.
[149] Fließendes Licht, 54 f.
[150] Vgl. Legatus, 132.
[151] Legatus, 16.

[152] Fließendes Licht, 284.

[153] Vgl. z. B. Liber specialis gratiae, 193.

[154] Legatus, 71.

[155] Liber specialis gratiae, 218.

[156] Legatus, 84.

[157] Vgl. Legatus, 223.

[158] Seuse, Das Leben, 189. 192.

[159] Seuse, Büchlein der Wahrheit, 346.

[160] Seuse, Das Leben, 186.

[161] Seuse, Das Leben, 205.

[162] Vgl. z. B. Tauler, Predigten. Bd. I, 81 f. 97 ff.

[163] Tauler, Predigten. Bd. I, 27.

[164] Vgl. Tauler, Predigten. Bd. II, 419.

[165] Vgl. Tauler, Predigten. Bd. II, 312 f.

[166] Vgl. Tauler, Predigten. Bd. II, 334 f.

[167] Tauler, Predigten. Bd. II, 328.

[168] Tauler, Predigten. Bd. II, 329.

[169] Liber specialis gratiae, 224.

[170] Legatus, 32.

[171] Fließendes Licht, 284. Allerdings gibt es in der mystischen Tradition auch Forderungen nach einer völligen Unterordnung der Seele unter Gottes Gewalt der Liebe. Vgl. hierzu z. B. Richard v. St. Viktor, Über die Gewalt der Liebe. Ihre vier Stufen, München–Paderborn–Wien 1969, 67.

[172] N. Largier, Anima mea liquefacta est. Der Dialog der Seele mit Gott bei Mechthild von Magdeburg und Heinrich Seuse, in: IKZ 16 (1987) 227.

[173] Fließendes Licht, 32.

[174] Fließendes Licht, 54.

[175] Fließendes Licht, 171.

[176] Hadewijch, Briefe und Lehren, 67 f.

[177] Der Spiegel der einfachen Seelen, 9,16.

[178] Der Spiegel der einfachen Seelen, 52,5–12.

[179] Pr. 52, in: DW II, 488.

[180] Vgl. z. B. Pr. 43, in: DW II, 698; LW II, 18 f.

[181] Vgl. z. B. LW II, 226.

[182] Vgl. Pr. 70, in: DW II, 541 f.

[183] Vgl. Pr. 73, in: DW III, 552.

[184] Vgl. z. B. LW II, 218.

[185] Pr. 32, in: DW II, 662.

[186] Vgl. z. B. LW II, 223: „Der Intellekt … ist es eigentlich, womit wir die Klarheit Gottes schauen."

[187] Pr. 40, in: DW II, 697.

[188] Vgl. Pr. 43, in: DW II, 699.

[189] LW II, 603 f.

[190] Pr. 82, in: DW III, 582.

[191] Eckhart beschreibt diese Differenz auch als Unterschied zwischen *lux* (göttliches Licht) und *lumen* (mitgeteiltes, geschaffenes Licht). Letzteres ist ebenso unauslöschlich und unvergänglich wie das erstere, ist aber von Gott gegebenes, aufgenommenes Licht. (Vgl. hierzu LW II, 426 ff.)

[192] Der Spiegel der einfachen Seelen, 119,20–22.

[193] Der Spiegel der einfachen Seelen, 11,114–117.

[194] Der Spiegel der einfachen Seelen, 135,8 f.

[195] Fließendes Licht, 23.

[196] Fließendes Licht, 91.

[197] Hadewijch, Briefe und Lehren, 78.

[198] Fließendes Licht, 69.

[199] LW V, 37–48.

[200] LW V, 40.

[201] LW V, 47 f.

[202] LW I, 156.

[203] LW I, 158.

[204] LW I, 161 f.

[205] LW I, 173.

[206] Vgl. Pr. 77, in: DW III, 567.

[207] Vgl. LW II, 232ff und LW III, 385.

[208] R. Manstetten, Esse est deus. Meister Eckharts christologische Versöhnung von Philosophie und Religion und ihre Ursprünge in der Tradition des Abendlandes, Freiburg–München 1993, 574.

[209] Die innere Burg, 101.

[210] Zit. n. D. Sölle, Mystik und Widerstand. „Du stilles Geschrei", München–Zürich 1999, 253 f.

[211] Pr. 4, in: DW I, 444.

[212] Pr. 52, in: DW II, 727.

[213] Ebd.

[214] Sölle, Mystik und Widerstand, 244 f.

[215] Sölle, Mystik und Widerstand, 18.

[216] D. Sölle, Die Hinreise. Zur religiösen Erfahrung. Texte und Überlegungen, Stuttgart ⁹1988, 1.

Stichwort: Christliche Mystik

Mystik ist eine besondere, intuitive und präreflexive Form der Erkenntnis meiner selbst und darin zugleich des Anderen meiner selbst, insbesondere des absolut Anderen meiner selbst. Dieses absolut Andere meiner selbst wird jedoch zugleich als das Innerste meiner selbst und damit als das Nicht-Andere meiner selbst erlebt. Jenes „nicht-andere Andere" bzw. „andere Nicht-Andere" trägt im monotheistischen Kontext den Namen „Gott".

Mystik ist zwar ein universales Phänomen, faltet sich jedoch in eine Vielfalt verschiedener Formen von Mystik aus, die der Pluralität von Deutungen eines absoluten Weltgrundes entspricht. Es gibt nicht-religiöse Mystiken wie etwa die Naturmystik und religiöse Mystiken, in denen die Erfahrung der Einheit mit einem absoluten Grund alles Seienden im Zentrum steht. Innerhalb religiöser Mystiken kann wiederum zwischen monistischen bzw. nicht-theistischen Mystiken – wie etwa im Hinduismus oder Buddhismus – und theistischen Mystiken – wie beispielsweise in den drei abrahamitischen Religionen Judentum, Christentum und Islam – unterschieden werden.

Christliche Mystik kennt zwei Richtungen: affektive und spekulative Mystik, wobei affektive Mystik auch spekulative Gehalte und spekulative Mystik affektive Momente besitzen kann. Die mystische Einung mit Gott steht im Mittelpunkt christlicher Mystik; Möglichkeitsbedingung dieser Einung sind Selbsterkenntnis und Selbstreflexion. Die Einung vollzieht sich im Grund der Seele. Dieser Grund ist weder ein besonderer Ort noch Wesenskern im Ich, sondern Metapher für die vorreflexive Erkenntnis meiner selbst im Sinne eines „ich bin und nicht vielmehr nicht", in der sich zugleich die Erkenntnis Gottes ereignet, der – so die mystische Tradition in Anlehnung an die patristische Lehre von der Gottesgeburt im Herzen der Gläubigen sowie an die scholastischen

Spekulationen über Status und Funktion des Intellekts – dem Grund einwohnt, sich in diesem Grund eingeboren hat. Damit sind Seelengrund und göttlicher Grund eins. Die Erkenntnis Gottes im Grund meiner selbst vollzieht sich in Form eines Spürens und Gewahrens; in affektiven Traditionen wird dieses Spüren auch erotisch aufgeladen und Gotteserkenntnis als Begegnung zwischen Ich und Gott im Sinne einer „heiligen Hochzeit" zwischen Seele und Gott bzw. Christus gedeutet. Entscheidend ist, ob die mystische Einung zwischen Ich bzw. Seele und Gott als Willens- oder Wesenseinheit interpretiert wird: Wird sie als Wesenseinheit verstanden, ergibt sich die Frage, ob auch die christliche Mystik letztlich einen Monismus und Pantheismus und damit ein apersonales Gottesbild vertritt, das jedoch im Gegensatz stünde zum christlichen Verständnis von Gott als Person und als Einheit in der Dreiheit der göttlichen Personen. Doch Mystikerinnen und Mystiker wie beispielsweise Margeruite Porête und Meister Eckhart widerlegen zum einen im Rückgang auf Überlegungen zum Spiegel- bzw. Bildsein der Seele und zur Differenzierung von ungeschaffenem Grund und geschaffener Seele den Einwand, einen strikten Monismus zu formulieren, und sie widerlegen zum anderen durch eine präzise Verhältnisbestimmung von der Einheit des göttlichen Grundes und der Dreiheit der göttlichen Personen den Vorwurf des Pantheismus.

Auch wenn christliche Mystik Gotteserkenntnis an Selbstbewusstsein und Selbsterkenntnis bindet und zum „Weg nach innen" in Abgeschiedenheit und Gelassenheit auffordert, reduziert sie dennoch Menschsein nicht auf reine Innerlichkeit. Sie fordert im Gegenteil die Einheit von *vita contemplativa* und *vita activa*; Abgeschiedenheit und Gelassenheit sind etwa für Meister Eckhart nicht nur Kennzeichen des Seelengrundes sowie Wege zur Selbst- und Gotteserkenntnis, sondern auch ethische Haltungen gegenüber dem Anderen meiner selbst und mir selbst gegenüber im Sinne einer Achtung und Sorge für dieses Andere wie auch einer Sorge um mich. Darüber hinaus haben Mystikerinnen und Mystiker immer auch Missstände in Kirche und Staat kritisiert; mystische Spiritualität und eine politische Praxis auch des Widerstands gegen Unrecht und einer Kritik am *status quo* stehen nicht gegeneinander, sondern bedingen einander. Genau besehen handelt es sich um ein wechselseitiges Verhältnis von mystischer Theorie und Praxis.

Kurzer Abriss der Geschichte christlicher Mystik

Die Wurzeln christlicher Mystik (von griech. *myein* – die Augen schließen) liegen zum einen in der antiken griechischen Philosophie begründet, zum anderen in jüdischen Traditionen und in der neutestamentlichen Überlieferung. Bereits Platon (ca. 429–347 v. Chr.) schildert etwa im „Symposion" oder im „Siebenten Brief" den vom Eros geführten Aufstieg zur Erkenntnis der Wahrheit in kontemplativer Schau des Schönen, Wahren und Guten. Die Neuplatoniker Plotin (ca. 205–270) und Proklos (410–485) erweitern die Platonische Lehre durch Reflexionen zur Erkenntnis des Einen im Rückgang ins eigene Innere, wo das „Eine in uns" als Abglanz des Einen geschaut werden kann. Dadurch kehrt der Mensch dorthin zurück, woher er stammt: zur intelligiblen Welt. Die Philosophie der Stoa formuliert in ihren Überlegungen zum „hegemonikon" (dem göttlichen Funken in der Seele), das in der Selbstreflexion geschaut werden kann, eine ähnliche Lehre.

In der jüdischen Tradition finden sich neben Visionserzählungen im Rahmen apokalyptischer Eschatologie und der Brautmetaphorik des Hohenliedes für das Gott-Mensch-Verhältnis vor allem im hellenistischen Judentum, insbesondere bei Philon von Alexandrien (20 v. Chr. – 50 n. Chr.) Elemente, die für die christliche Mystik wichtig geworden sind: die Vision als Offenbarung des göttlichen Willens oder göttlicher Macht; Philons Spekulationen über den göttlichen Logos: Gott selbst ist unergründbares Geheimnis, zeigt sich aber im Logos, der der Seele in ihrem obersten Teile einwohnt und sie erleuchtet. Durch die Schau des Logos in der „nüchternen Trunkenheit" der Selbsterkenntnis kehrt die Seele zu Gott zurück. Hinsichtlich der neutestamentlichen Überlieferung sind die Seligpreisung derjenigen, die Gott schauen (Mt 5,8) ebenso zu erwähnen wie die Maria-und-Martha-Erzählung (Lk 10,38–42), wobei in der christlichen Tradition Maria als Metapher für die *vita contemplativa*, Martha für die *vita activa* verwendet wurde. Die johanneische Tradition wurde durch ihre Kennzeichnung Gottes als Liebe (1 Joh 4,8), durch die Logosspekulation im Johannesprolog (Einwohnen und Menschwerden des göttlichen Wortes) und durch die christozentrische Ausrichtung der Gotteserkenntnis (Joh 14,6) für die Mystik bedeutsam. Ebenso einflussreich ist die paulinische Tradition mit der Erzählung von der Entrückung (*raptus, ekstasis*) des Paulus „in den dritten Himmel" (2 Kor 12,1–6; vgl. auch 1 Kor 12,2–4) geworden sowie das „Damaskuserlebnis" (z. B. Apg 9,1–9) und Paulus Lobpreis der Liebe in 1 Kor 13.

Die Patristik faltet diese Traditionen weiter aus, wobei auf lateinischer Seite insbesondere Augustinus (354–430) zu nennen ist, der zum einen selbst eine mystische Schau schildert (Conf IX 10), und zum anderen in seinen Trinitätsspekulationen sowie in seinen Reflexionen zu Christus als dem „inneren Lehrer" die Lehre von der Einwohnung des göttlichen Wortes im obersten Teil der Seele (der memoria) aufgreift. Die griechische Patristik entwickelt die Lehre von der Geburt Gottes bzw. Christi im Herzen der Gläubigen, ein Motiv, das in der christlichen Mystik zentral wird. Eine enorme Wirkungsgeschichte entfaltet zudem Dionysius Areopagitas (ca. 500) negative bzw. mystische Theologie, in deren Zentrum die Unsagbarkeit und Undarstellbarkeit Gottes steht.

Die monastische Theologie ist ein wichtiger Ursprungsort affektiver Mystik, vor allem die zisterziensische Theologie in der Nachfolge von Bernhard von Clairvaux (1090–1153) und Wilhelm von St. Thierry (1085–1148), die Theologie der Kanoniker der Abtei St. Victor vor Paris. Hugo (1090–1141) und Richard v. St. Victor (gest. 1173) entwickeln eine reiche Tradition an Braut- und Liebesmystik mit ihrem charakteristischen Stufenschema des ekstatischen Aufstiegs zu Gott in der Liebe. Aber auch in der franziskanischen Theologie gibt es Mystik, etwa das „Pilgerbuch der Seele zu Gott" Bonaventuras (1221–1274) und die Predigten Davids von Augsburg (gest. 1272).

Die Hochzeit christlicher Mystik des Mittelalters liegt zweifelsohne im 13. und 14. Jh. Zum einen ist das Aufkommen der so genannten „Frauenmystik" in den Klöstern und in der Beginenbewegung zu erwähnen, im altflämischen Raum etwa Beatrijs van Nazareth (gest. 1268) und Hadewijch van Antwerpen (1. Hälfte des 13. Jh.); im altdeutschen Raum vor allem die Mystikerinnen von Helfta; in Italien z. B. Angela da Foligno (1248–1309); in Großbritannien die Christusmystik der Julian of Norwich (um 1343 – ca. 1416). Neben diesen eher affektiv ausgerichteten Mystiken gibt es jedoch in der Frauenmystik auch spekulative Richtungen, so vor allem bei Margeruite Porête (gest. 1310).

Dass die Mystik keineswegs, wie häufig vermutet, eine Gegenbewegung zur Scholastik ist, sondern auch durch scholastischen Richtungen beeinflusst ist, zeigen zum einen die spekulativen Mystiken Meister Eckharts (um 1260–1328) und seiner Schüler Heinrich Seuse (1295/97–1366) und Johannes Tauler (um 1300–1361). Zum anderen finden sich in den Werken bekannter Scholastiker wie Albertus Magnus (vor 1200–1280), Dietrich von Freiberg (2. Hälfte des 13. Jh.), Thomas von Aquin (1224/25–1274) und nicht zuletzt Nikolaus Cusanus auch mystische Motive, so z. B. Überlegungen zur „visio beatifica" bzw. „visio dei" oder zum Einwohnen Gottes im menschlichen Intellekt als Teil bzw. Grund der Seele. Der niederländische Mystiker Jan van Ruysbroeck (1293–1381) ist auch der spekulativen Mystik zuzurechnen; er hat sich allerdings deutlich von Eckhart distanziert und diesen scharf kritisiert.

Auch im Spätmittelalter gibt es bedeutende Mystikerinnen und Mystiker, so z. B. die Mystiken Caterinas von Siena und Teresas von Avila (1515–1582) und die Mystik des Johannes vom Kreuz (1542–1591), in deren Mittelpunkt die „Gottesnacht" und die „dunkle" Seite Gottes steht.

Danach scheint es um die christliche Mystik etwas stiller zu werden; die Reformation steht der Mystik mehrheitlich skeptisch bis ablehnend gegenüber, bringt aber doch so einen bedeutenden spekulativen Mystiker wie Jacob Böhme (1575–1624) hervor. Auf katholischer Seite können die geistlichen Werke des Ignatius von Loyola (1491–1556) auch als mystische Werke gelesen werden. Doch die Mystik ist mit dem Mittelalter nicht an ihr Ende gekommen: Nach dem vor allem durch Eckhart geprägten Barockmystiker Angelus Silesius (1624–1677) ist eine Verlagerung der Mystik in andere Bereiche zu verzeichnen, insbesondere in die Philosophie: Das philosophische Denken Baruch de Spinozas (1632–1677) besitzt ebenso mystische Elemente wie etwa dasjenige von Johann Gottlieb Fichte (1762–1814) oder Friedrich Wilhelm Schelling (1775–1854). Mit der Romantik kommt die Mystik auch in der Literatur zum Tragen, wobei hier Motive christlicher Mystik mit Naturmystik verschmolzen werden. Diese Verlagerung der Mystik in die Literatur ist das Kennzeichen moderner Mystik. So können beispielsweise Rainer Maria Rilke (1875–1926), Simone Weil (1909–1943) oder Dag Hammarskjöld (1905–1961) als Mystiker bezeichnet werden, die versuchen, Mystik mit dem Denken der Moderne zu verbinden. Hammarskjöld ist ebenfalls ein Beispiel für die Verknüpfung von mystischer Lebensform und politischem Engagement, eine Verbindung, die dann wieder bei Thomas Merton (1915–1968) und bei dem Befreiungstheologen Pedro Casaldalia zum Tragen kommt.

Biographische Angaben zu den zitierten Mystikerinnen und Mystikern

Beatrijs van Nazareth (?–1268)
Tochter des Bartholomäus von Tienen/Brabant. Schulausbildung bei
Beginen. 1210 Eintritt in das Zisterzienserinnenkloster in Bloemen-
daal, 1236 Umsiedlung des Konventes ins Kloster Nazareth bei Lier.
1237 bis zu ihrem Tod Priorin des Konvents. Verfasserin einer Vita,
deren Teil das mystische Werk „Seven manieren van minne" (Sieben
Stufen der Liebe)" ist.

Gertrud von Helfta (1256–1302)
Adliger Herkunft, wurde wahrscheinlich als fünfjähriges Kind dem
Zisterzienserinnenkloster Helfta bei Eisleben zur Ausbildung über-
geben. Verfasserin von Briefen, Gebeten und Liedern sowie der
beiden mystischen Werke „Legatus divinae pietatis" (Gesandter der
göttlichen Liebe) und „Exercitia Spiritualia" (Geistliche Übungen).
Allerdings ist nur das 2. Kapitel des „Legatus" direkt von Gertrud
verfasst, die restlichen Kapitel wurden diktiert bzw. erst nachträglich
von einer Mitschwester hinzugefügt. Übersetzerin von Teilen der
Bibel, Arbeit als Seelsorgerin.

Hadewijch von Antwerpen (1. Hälfte des 13. Jh.)
Lebte vermutlich in Brabant als Begine, womöglich als Priorin einer
Beginengemeinschaft. Verbreitung ihrer Schriften als geschlossenes
Textcorpus erst nach ihrem Tode; evtl. verweigerte Hadewijch die
Publikation zu ihren Leibzeiten aus Furcht vor Verfolgung. Verfas-
serin strophischer Gedichte und von so genannten Mengelgedichten
(vermischte Gedichte), Briefen sowie einer Sammlung von Visions-
berichten.

Mechthild von Hackeborn (1241–1299)
Schwester der Helftaer Äbtissin Gertrud von Hackeborn, seit ihrem
7. Lebensjahr im Kloster Helfta. Lehrerin und Leiterin der Kloster-
schule, Vertraute Gertruds von Helftas. Diktat des mystischen Werkes „Liber specialis gratiae" (Buch der besonderen Gnade) an zwei
ihrer Mitschwestern, darunter Gertrud von Helfta.

Mechthild von Magdeburg (ca. 1207/10 – zwischen 1282/94)
Geboren auf einer Burg im Umland von Magdeburg, seit ihrem 20.
Lebensjahr Leben als Begine in Magdeburg. Ab 1250 Abfassung des
mystischen Werkes „Das fließende Licht der Gottheit". 1270 Eintritt
in das Kloster Helfta, dort Vollendung des Buches. Großer Einfluss
auf ihre Mitschwestern Gertrud von Helfta und Mechthild von

Hackeborn als deren Lehrerin und Mentorin. Tod Mechthilds in Helfta.

Meister Eckhart (um 1260–1328)
Geb. in Hochheim/Thüringen; in jungen Jahren Eintritt in das Dominikanerkloster Erfurt; theologische Grundausbildung am Generalstudium des Ordens in Köln als Schüler des Albertus Magnus. 1294 Sentenzenlektor an der Theologischen Fakultät Paris; Bakkalaureat in Paris. Rückkehr nach Erfurt und Tätigkeit als Vikar der Ordensnation Thüringen sowie Vorsteher des Erfurter Dominikaner-Konvents. 1302 erstes Magisterium in Paris als Doktor der Theologie. 1303 Rückkehr nach Thüringen und Tätigkeit als Provinzial der Ordensprovinz Saxonia, ab 1307 zusätzlich Generalvikar der böhmischen Ordensprovinz. 1311–1313 zweites Pariser Magisterium, dort wohl Kontakt mit dem Werk „Miroir des simples âmes" der französischen Begine und Mystikerin Margeruite Porête. 1313 Generalvikariat in Straßburg und Visitator der süddeutschen Frauenklöster, dort Begegnung mit mystischem Gedankengut. 1317 wurde Eckhart Zeuge der einsetzenden Beginen- und Beghardenverfolgungen, ausgelöst durch die Beschlüsse des Konzils von Vienne (1312) und die Bulle „Ad nostrum" von 1317. 1319 Verbot der Beginen in Straßburg durch den Bischof von Straßburg, Eckhart solidarisierte sich mit den Beginen. 1323 Ruf auf den einzigen theologischen Lehrstuhl am Generalstudium der Dominikaner in Köln. 1325 Visitation des Klosters in Köln, daraufhin Vorwurf der Häresie gegen Eckhart aufgrund einer Intrige von Ordensbrüdern. 1326 Denunziation Eckharts beim Erzbischof von Köln als Häretiker; Eröffnung eines Inquisitionsprozesses. 1327 Appell Eckharts an den Heiligen Stuhl und Widerruf von Teilen seiner Lehren. Vertagung des Prozesses nach Avignon. Reise Eckharts dorthin. 1329 Inkriminierung Eckharts als Häretiker durch Papst Johannes XXII.; das Urteil wurde bis heute nicht zurückgenommen. Verfasser scholastisch geprägter lateinischer Werke (Pariser Quaestionen, unvollendetes Opus tripartitum) sowie von Predigten und Traktaten in deutscher Sprache.

Margeruite Porête (?–1310)
Lebte wohl in Valenciennes als Begine, Verfasserin des mystischen Werkes „Le miroir des simples âmes" (Spiegel der einfachen Seelen). Zwischen 1296 und 1303 Verbot des Buches durch den Bischof von Cambrai und öffentliche Verbrennung des Buches in Valenciennes. Dennoch Weiterverbreitung durch Margeruite, daraufhin 1307 Gegenüberstellung vor dem Inquisitor von Hoch-Lothringen. Überantwortung an den Generalinquisitor von Frankreich, Wilhelm Humbert von Paris. Kerkerhaft in Paris, Verweigerung des Widerrufs ihrer Schrift und ihrer Überzeugungen. 1309 Verurteilung des „Miroir" als häretisches Werk, am 30. Mai 1310 Verurteilung Margeruites als Häretikerin durch den Generalinquisitor, Übergabe an die weltlichen Behörden am 31. Mai, Tod auf dem Scheiterhaufen am 1. Juni 1310 auf der Place de Grève in Paris.

Heinrich Seuse (1295 od. 1297–1366)

Geb. in Konstanz. Ca. 1308/1310 Eintritt in das Dominikanerkloster daselbst. 1323–1327 Studium am Generalstudium der Dominikaner in Köln u.a. als Schüler Meister Eckharts. 1327 Rückkehr nach Konstanz und Tätigkeit als Lektor des Konvents. 1329 Verdächtigung als Häretiker, daraufhin Amtsenthebung. 1334 Rehabilitierung. Ca. 1343 Prior des Konvents. Aufgrund seiner Gegnerschaft zu Ludwig des Bayern Gang ins Exil, 1346 Rückkehr, 1348 Wechsel ins Dominikanerkloster Ulm. Gest. in Ulm, am 16.4.1831 Seligsprechung durch Papst Gregor XVI. Verfasser einer Vita, des „Büchleins der ewigen Weisheit", des „Büchleins der Wahrheit" und des „Briefbüchleins", welche zum so genannten „Exemplar" zusammengefasst wurden. Außerdem liegen das „Horologium sapientiae", das „Große Briefbuch", das „Minnebüchlein" und 4 Predigten vor.

Johannes Tauler (um 1300–1361)

Geb. in Straßburg als Sohn eines Ratsherrn. Mit 14 Jahren Eintritt in den Straßburger Dominikanerkonvent, wo er Meister Eckhart kennen lernte. Um 1330 Tätigkeit als (Volks-)Prediger und Seelsorger in Straßburg. 1338 Wechsel nach Dillingen zu der Mystikerin Margareta Ebner, dann nach Basel, dort Kontakt zu den „Gottesfreunden" (eine Bewegung von Geistlichen und Laien). Auch dort Tätigkeit als Volksprediger. 1339–1346 Prediger und Seelsorger in Köln, 1342 Rückkehr nach Straßburg. Predigt- und Missionsreisen. Gest. in Straßburg. Verfasser von Predigten, die in geschlossenen Sammlungen tradiert wurden. Aufgrund seiner Predigttätigkeit und seiner Betonung der Orthopraxis gilt Tauler als „Lebemeister" der Mystik.

Teresa von Avila (1515–1582)

Geb. in Avila/Kastilien als Tochter einer Familie des niederen spanischen Adels; Eintritt in den Karmel (Convento de la Encarnaçion) in Avila. Reform des Ordens gemeinsam mit Johannes vom Kreuz, dabei Reisen durch Spanien. Gründung des Klosters San José in Avila. Verfasserin mehrerer Bücher: „Das Buch meines Lebens", „Der Weg zur Vollkommenheit", „Die innere Burg" (1577). 1970 als erste Frau zur Kirchenlehrerin erhoben.

Kleines Wörterbuch

Audition/Vision
Erfahrung des Hörens und der Schau Gottes.

Beginen und Begharden
Geistliche Bewegung von Frauen (Beginen) und Männern (Begharden) im Mittelalter, die sich entschlossen hatten, in einer geistlichen Gemeinschaft zu leben, jedoch ohne Zugehörigkeit zu den klassischen Orden und der Anerkennung deren Regeln. Sie gelobten die evangelischen Räte Armut und Keuschheit, nicht aber Gehorsam, legten nur zeitliche Gelübde ab, lebten nicht in Klausur und von Erwerbsarbeit, so etwa durch Arbeit im Textilgewerbe. Sie wurden zu Häretikerinnen und Häretikern erklärt, durch die Inquisition verfolgt und dazu gezwungen, sich einer Ordensregel zu unterwerfen und klausuriert zu leben.

Diskursives Erkennen
Eine Form von Erkenntnis, die sich in der Weise des Denkens, des begrifflichen und analytischen Erfassens sowie schlussfolgernden Argumentierens vollzieht.

Ekstasis
Erfahrung des Hingerissenseins oder Herausgerissenseins; „Entrückung", oftmals verbunden mit Auditionen und Visionen.

Intuition
Eine vorreflexive Form von Erkenntnis, die weder durch sinnliche Wahrnehmung noch durch schlussfolgerndes Denken gegeben ist, sondern sich in Form eines der sinnlichen Wahrnehmung analogen Spürens und Gewahrens vollzieht. Die Intuition ist unmittelbar und spontan gegeben, jedoch stets offen für diskursive Deutungen und Interpretationen.

Kontextualität
Die Gebundenheit des menschlichen Erkennens und Handelns an Lebensort und Lebenszeit, an den historischen und soziokulturellen Kontext der erkennenden und handelnden Menschen.

Kontingenz
Die Endlichkeit und Unvollkommenheit des Seienden, insbesondere des menschlichen Daseins.

Modalismus
Theologische Lehre, die die göttlichen Personen Vater, Sohn und Geist als verschiedene Ausfaltungen (Modi) und Offenbarungsweisen des einen Gottes bzw. der all-einen Gottheit versteht. Der Modalismus wurde wegen seiner Preisgabe des Trinitätsgedankens verurteilt.

Monismus
Metaphysische Lehre von der All-Einheit alles Seienden.

Negative Theologie/positive Theologie
Von Dionysius Areopagita formulierte Unterscheidung zwischen einer Theologie, die Gott Prädikate zuspricht und über ihn positive Aussagen fällt (positive oder kataphatische Theologie) und einer Theologie, die Gott Prädikate abspricht, verneinende Aussagen fällt (negative oder apophatische Theologie). Die positive Theologie ist der Beginn der Gotteserkenntnis, ihr folgt die negative Theologie, die die Unsagbarkeit und das Geheimnis Gottes anerkennt. Beide münden in die mystische Theologie, die jedes Sprechen von Gott, sei es zusprechend oder verneinend, übersteigt in das Schweigen angesichts des „mystischen Dunkels" der Gottheit.

Pantheismus
Monistische Lehre von der All-Einheit eines göttlichen Grundes, der „alles in allem" ist und dessen Teile bzw. Ausfaltungen die einzelnen Seienden sind. Im all-einen Grund fallen Geist und Materie zusammen, die Natur ist Ausdruck und Modus der göttlichen All-Einheit.

Performative Sprachhandlung
Ein Sprechakt, durch den eine neue Wirklichkeit geschaffen wird, z. B. der Satz „ich taufe dich".

Person
Ein einzelnes Ich, das gemeinsam mit anderen existiert und zu diesen anderen in Beziehung treten kann.

Ontologie
Philosophische Disziplin, die die Frage nach dem Sein des Seienden zu beantworten versucht.

Quietismus
Von lat. „quies" (Ruhe); Auffassung, dass die Seele in vollkommener Ruhe und Untätigkeit, Passivität verharren müsse, um Gott erkennen zu können.

Solipsismus
Lehre, die das menschliche Selbst verabsolutiert.

Weiterführende Werke

Hier sind lediglich allgemeine Grundlagenwerke und Einführungen in die christliche Mystik aufgeführt, in denen weiterführende Spezialliteratur zu einzelnen Mystikerinnen und Mystikern und zu einzelnen Grundfragen und Grundmotiven christlicher Mystik genannt wird.

Karl Albert, Einführung in die philosophische Mystik, Darmstadt 1996. – Systematische Einführung, die Mystik als universales und als philosophisches Phänomen begreift und dabei auch nichtchristliche Mystiken thematisiert.

Michael Bangert, Mystik als Lebensform, Horizonte christlicher Spiritualität, Münster 2003.

Peter Dinzelbacher, Christliche Mystik im Abendland. Ihre Geschichte von den Anfängen bis zum Ende des Mittelalters, Paderborn u. a. 1994. – Einführung in die Geschichte mittelalterlicher christlicher Mystik.

Alois M. Haas, Mystik als Aussage. Erfahrungs-, Denk- und Redeformen christlicher Mystik, Frankfurt a. M. 1996. – Spekulative Diskussion von Grundfragen christlicher Mystik.

Bernhard McGinn, Die Mystik im Abendland. 4 Bde, Freiburg–Basel–Wien 1994 ff. – Philosophisch-theologischer Überblick über die abendländische Mystik mit ausführlichen Literaturangaben; zurzeit *das* Handbuch zur Mystik im Abendland.

Kurt Ruh, Geschichte der abendländischen Mystik. Bd. I–IV, München 1993 ff. – Geschichtlicher Überblick über die abendländische Mystik mit ausführlichen Literaturangaben.

Dorothee Sölle, Mystik und Widerstand. „Du stilles Geschrei", München–Zürich 1999. – Persönliche Auseinandersetzung mit der Mystik aus der Perspektive der Politischen Theologie.

Josef Sudbrack, Komm in den Garten meiner Seele. Einführung in die christliche Mystik, Gütersloh 1979. – Spirituelle Einführung in die christliche Mystik.

Ders., Mystik. Sinnsuche und die Erfahrung des Absoluten, Darmstadt 2002. – Einführung in die Mystik aus christlicher Perspektive.

Bardo Weiß, Ekstase und Liebe. Unio mystica bei den deutschen Mystikerinnen des 12. und 13. Jahrhunderts, Paderborn 2000. – Umfassende Darstellung mittelalterlicher Frauenmystik.

Saskia Wendel, Affektiv und inkarniert. Ansätze Deutscher Mystik als subjekttheoretische Herausforderung, Regensburg 2002. – Neben der philosophischen Diskussion um die Aktualität des Subjektgedankens Darstellung mystischer Konzeptionen unter der Perspektive der Idee der Subjektivität.

Norbert Winkler, Meister Eckhart zur Einführung, Hamburg 1997. – Kurze und dennoch sehr informative Einführung in Leben und Werk Meister Eckharts.

Register

Abditum mentis 37
Abgeschiedenheit 31, 81, 85, 103, 106, 118
Affektive Mystik 25, 26, 33, 40, 43, 50, 52, 53, 59, 61, 117, 118
Albert, Karl 10, 110
Albertus Magnus 122
Albrecht, Carl 15, 110
Angela da Foligno 109, 122
Angelus Silesius 123
Apersonal 89, 100, 118
Areligiöse Mystik 11, 22, 23, 117
Armut 31, 32, 81, 106, 107
Atheismus 23, 117
Augustinus 28, 37, 86, 99, 121

Beatrijs van Nazareth 7, 43, 51, 112, 122, 124
Bernhard von Clairvaux 109, 121
Bild 65, 66, 67, 68, 69, 84, 99, 106, 118
Böhme, Jacob 123
Bonaventura 122
Bouyer, Louis 110

Casaldaglia, Pedro 123
Caterina von Siena 109, 122
Certeau, Michel 11
Christusmystik 87

D'Aquili, Eugene 110
David von Augsburg 122
Dietrich von Freiberg 122
Dionysius Areopagita 87, 121

Entbildung 69, 76, 85
Ekstasis 25, 26, 28, 41, 43, 44, 82, 89
Erfahrung 10, 12, 13, 25

Flasch, Kurt 109
Fichte, Johann Gottlieb 123
Frank, Manfred 16, 111

Freiheit (der Seele) 48, 70, 71, 72, 73, 77, 79, 80, 81, 88, 103, 104, 105, 106, 107

Gelassenheit 31, 32, 81, 85, 103, 104, 105, 106, 118
Gerson, Johannes 111
Gertrud von Helfta 7, 29, 31, 33, 34, 35, 45, 61, 62, 63, 71, 73, 74, 75, 111, 124
Gnade 71, 72, 73, 75, 76, 77, 79, 81, 82, 83, 84, 85
Gottesentfremdung 48, 50, 87
Gotteserkenntnis 27, 28, 29, 30, 31, 32, 33, 54
Gottesgeburt 39, 40, 53, 54, 68, 69, 70, 85, 96, 100
Grund der Seele 33, 34, 35, 36, 37, 38, 39, 52, 53, 54, 56, 57, 65, 66, 69, 70, 83, 85, 88, 98, 99, 100, 101, 103, 104, 118

Haas, Alois M. 21, 110, 111
Hadewijch 7, 42, 44, 79, 91, 102, 113, 114, 115, 116, 122, 124
Hammarskjöld, Dag 8, 109, 110, 123
Heidegger, Martin 94
Heiler, Friedrich 10, 110
Henrich, Dieter 16, 111
Herz der Seele 31, 34, 35, 37, 53, 54, 62, 63
Hugo von St. Viktor 121

Ignatius von Loyola 123
Intuition, intuitives Erkennen 10, 14, 15, 16, 18, 30, 31, 32, 33, 36, 42, 51, 52, 55, 60, 82, 117

Jan van Ruysbroeck 122
Johannes vom Kreuz 109, 122
Julian of Norwich 109, 122

Katz, Stephen D. 11, 12, 110

Leid, Leidensmystik 50, 51, 54, 87

Manstetten, Rainer 116
Mechthild von Hackeborn 7, 33, 35, 36, 41, 46,61, 62, 74, 77, 112, 124
Mechthild von Magdeburg 7, 28, 29, 33, 35, 40, 42, 46, 48, 50, 61, 62, 78, 79, 86, 89, 90, 91, 111, 114, 124
Meister Eckhart 7, 21, 24, 26, 31, 32, 33, 35, 37, 38, 39, 51, 52, 53, 54, 57, 58, 61, 64, 64, 69, 70, 77, 79, 81, 82, 83, 84, 90, 91, 92, 93, 94, 95, 96, 97, 98, 99, 103, 104, 106, 109, 111, 116, 118, 122, 125
Margeruite Porête 7, 26, 31, 37, 52, 55, 56, 57, 58, 59, 61, 64, 79, 80, 81, 88, 99, 103, 106, 114, 118, 122, 125
McGinn, Bernhard 110
Merton, Thomas 123
Minne, Minnemystik 42, 43, 44, 46, 47, 48, 50, 51, 52, 53, 56, 57, 58, 64, 78, 86, 89, 90
Modalismus 90, 91, 101, 127
Monismus 22, 23, 24, 61, 90, 91, 95, 99, 117, 118
Mystikdefinition 14
Mystisches Erkennen 14, 15, 16, 17, 33

Newberg, Andrew 110
Nietzsche, Friedrich 111
Nikolaus Cusanus 122

Pantheismus 22, 23, 61, 90, 91, 99, 100, 101, 117, 118
Paulus 121
Person 18, 24, 34, 86, 90, 96, 97, 100, 101,118
Philon von Alexandrien 120
Philosophische Mystik 9 ff.
Platon 120
Plotin 120
Prokl 120

Rahner, Karl 7, 109, 117
Religiöse Mystik 11, 22, 23, 117
Richard von St. Viktor 28, 111, 115, 121
Rilke, Rainer Maria 109, 123

Schelling F. W. J. 123
Schimmel, Annemarie 111
Scholem, Gershom 11, 12, 13, 110, 111
Seelenburg 30, 31, 37, 53, 58, 59
Selbstbewusstsein 16, 17, 19, 20, 118
Selbsterkenntnis 15, 16, 17, 18, 27, 28, 29, 30, 32, 33, 51, 53, 54, 72, 117, 118
Selbstvernichtung 15, 27, 28, 63, 81
Seuse, Heinrich 7, 52, 53, 54, 75, 76, 113, 115, 122, 126
Smart, Ninian 110
Sölle, Dorothee 107, 108, 116
Spekulative Mystik 25, 26, 51, 52, 117
Spinoza, Baruch de 123
Spitzlei, Sabine F. 111
Subjekt, Subjektivität 16, 17, 63, 72, 86, 97, 102
Sudbrack, Josef 110
Suzuki, D. T. 111

Tauler, Johannes 7, 52, 54, 55, 75, 76, 113, 115, 122, 126
Teresa von Avila 7, 26, 30, 31, 37, 52, 59, 60, 103, 111, 114, 122, 126
Theistische Mystik 11, 22, 23, 24, 117
Theologische Mystik 11 ff.
Thomas von Aquin 122

Unio, Einung 9, 10, 13, 27, 28, 29, 32,33 36, 37, 40, 41, 43, 44, 46, 47, 48, 49, 50, 51, 52, 56, 57, 58, 59, 60, 62, 63, 64, 68, 72, 74, 78, 79, 82, 83, 87, 103
Unsagbarkeit 11, 20, 21, 22, 39, 59, 76, 87

Vita activa 102, 118
Vita contemplativa 102

Weil, Simone 109, 123
Wendel, Saskia 110
Wesenseinheit 60, 61, 62, 63, 64, 65, 118

Wilhelm von St. Thierry 121
Willenseinheit 60, 61, 62, 64, 65, 118
Wittgenstein, Ludwig 20, 111

Zaehner, Robert 11, 110, 111

Topos plus positionen
Taschenbücher zu Themen des Glaubens
Hg. von Wolfgang Beinert

Wolfgang Beinert, **Maria**
Spiegel der Erwartungen Gottes und der Menschen
Band 407, 168 Seiten, ISBN 3-7867-8407-8

Wolfgang Beinert, **Tod und jenseits des Todes**
Band 355, 148 Seiten, ISBN 3-7867-8355-1

Sabine Demel, **Mitmachen – Mitreden – Mitbestimmen**
Grundlagen, Möglichkeiten und Grenzen
in der katholischen Kirche
Band 379, 172 Seiten, ISBN 3-7867-8379-9

Bernhard Grom, **Hoffnungsträger Esoterik?**
Band 435, 166 Seiten, ISBN 3-7867-8435-3

Franz Gruber, **Das entzauberte Geschöpf**
Konturen des christlichen Menschenbildes
Band 486, 158 Seiten, ISBN 3-7867-8486-8

Gregor Maria Hoff, **Religionskritik heute**
Band 523, 160 Seiten, ISBN 3-7867-8523-0

Wolfgang Klausnitzer, **Jesus von Nazaret**
Lehrer – Messias – Gottessohn
Band 381, 144 Seiten, ISBN 3-7867-8381-0

Günter Koch, **Sakramentale Symbole**
Grundweisen des Heilshandelns Gottes
Band 404, 142 Seiten, ISBN 3-7867-8404-3

Peter Lüning, **Ökumene an der Schwelle zum
dritten Jahrtausend**
Band 357, 168 Seiten, ISBN 3-7867-8357-8

Topos plus positionen
Taschenbücher zu Themen des Glaubens
Hg. von Wolfgang Beinert

Judith Müller, **Im Dienst der Kirche Christi**
Zum Verständnis der kirchlichen Amtes heute
Band 358, 135 Seiten, ISBN 3-7867-8358-6

Klaus Müller, **Gott erkennen**
Das Abenteuer der Gottesbeweise
Band 405, 140 Seiten, ISBN 3-7867-8405-1

Peter Neuner, **Die heilige Kirche der sündigen Christen**
Band 454, 184 Seiten, ISBN 3-7867-8454-X

Thomas Schärtl, **Wahrheit und Gewissen**
Band 526, 140 Seiten, ISBN 3-7867-8526-0

Eberhard Schockenhoff,
Krankheit – Gesundheit – Heilung
Wege zum Heil aus biblischer Sicht
Band 406, 171 Seiten, ISBN 3-7867-8406-X

Bertram Stubenrauch, **Dreifaltigkeit**
Band 434, 151 Seiten, ISBN 3-7867-8434-5

Hans Waldenfels, **Christus und die Religionen**
Band 433, 135 Seiten, ISBN 3-7867-8433-7

Marion Wagner, **Für eine Zukunft in Partnerschaft**
Mann und Frau in christlicher Sicht
Band 480, 152 Seiten, ISBN 3-7867-8480-9

Konrad Zillober, **Toleranz**
Vertrauen und Kommunikation
Band 508, 168 Seiten, ISBN 3-7867-8508-2